Martina Loebe • (Schul-) Geschichten, die das Leben schreibt

AF280618

Martina Loebe

(Schul-) Geschichten, die das Leben schreibt

Nichts als die Schulwahrheit!
Ein Erlebnisbericht der besonderen Art.

Kontakt:

MartinaLoebe@gmx.de

www.loebe-berlin.de

Alle Rechte liegen bei der Autorin.
Herstellung: Books on Demand GmbH Norderstedt
Berlin 2003

ISBN 3-8330-0554-8

Inhaltsverzeichnis

Vorwort

Dieses Buch sollten nur die lesen, die genug Mut aufbringen der Schulrealität in die Augen zu sehen. Ich verspreche, dass das Geschriebene nicht nervenaufreibender ist als das Tägliche in den Zeitungen.

So unwahrscheinlich es klingt, aber alle Geschichten, Geschichtchen und Episoden sind absolut wahr. Ich war bei allem dabei. Ich finde die Erlebnisse toll, wenn auch nicht immer lustig. Manchmal stimmen sie auch sehr nachdenklich. Aber so ist das Leben, so ist das Schulleben.

Sollte sich so mancher im Buch wiederfinden, dann muss er mit mir lachen. Passiert, ist passiert. Er hat ja schließlich diese (Schul-)Geschichte mitgeschrieben.

Im Mittelpunkt stehen unsere Kinder, Monster, Jugendliche, Nervensägen, Schüler und Störfaktoren, die uns auf Trab halten. Ohne sie wäre es sehr langweilig und ohne sie hätte ich in den vergangenen Jahren nicht so viel erlebt.

Also ihr Schüler: Weiter so!

Raten Sie mal, wer das über unsere Zöglinge geschrieben hat!

„ Die Jugend liebt heutzutage den Luxus. Sie hat schlechte Manieren, verachtet die Autorität, hat keinen Respekt vor den älteren Leuten und schwatzt, wo sie arbeiten sollten. Die jungen Leute stehen nicht mehr auf, wenn Ältere das Zimmer betreten. Sie widersprechen ihren Eltern, schwadronieren in der Gesellschaft, verschlingen bei Tisch die Süßigkeiten, legen die Beine übereinander und tyrannisieren ihre Lehrer."[1]

---

[1] Sokrates (470 – 399 v Chr.)

Erster Ferientag

In den Ferien muss man etwas tun -
und sei es über die Schule sinnieren

Ich habe Ferien. Was auch sonst. Ferien schon wieder. Menschen wie ich haben unentwegt frei, da ich Lehrerin bin. Wie mein Vater schon immer zu sagen pflegte:" Der Lehrer wurde geboren, machte Ferien und starb." Natürlich hat er damit nur bedingt Recht. Immerhin haben wir seit den letzten Ferien im Sommer schon wieder sieben Wochen gearbeitet und ich habe 17 (in Zahlen: siebzehn) Versammlungen besucht. Hurra, neuer Rekord!

Einen großen Teil der Ferien kann man natürlich nicht an einem gebuchten Urlaubsort verbringen. Obwohl ein Lehrer nicht schlecht verdient, kann man sich das nicht ohne weiteres leisten. Wenn ich dann nach mindestens vier Wochen Aufenthalt in meinem Zweitwohnsitz im Wald wieder in die Stadt zur Schule muss, dann sehe ich die Nachbarn flüsternd ihre Köpfe zusammenstecken und schadenfroh lästern. Auch die längsten Ferien sind eben mal zu Ende. Wenn ich dann betone, dass ich mich auf die

Arbeit wieder freue, kann ich keine Sympathien für mich erhaschen. Dann denke ich wieder an die Worte meines Vaters.

Geboren bin ich schon vor 44 Jahren und Ferien hatte ich schon viele und ich lebe hervorragend. Auch habe ich nicht vor, demnächst das Zeitliche zu segnen. In sofern hoffe ich, dass der blöde Spruch eben nur ein Spruch ist.

Da schon wieder Ferien sind, will ich sie sinnvoll nutzen. Leider darf ich zu keiner Weiterbildung gehen, man braucht mich auch nicht in der Schule zur Betreuung von Ferienkindern, also: Ich muss etwas tun. Wenn es geht etwas Sinnvolles.

Wenn ich nun erzähle, dass ich ein Buch über meine Erlebnisse in meinem vielfältigen und nie langweiligen Berufsleben schreiben möchte, kommt gleich wieder die Meinung auf, nicht ausgelastet zu sein. Vielleicht ist sogar etwas dran.

Natürlich geht man mit manchen Ideen jahrelang schwanger. Wie oft haben wir über die Missgeschicke meiner Zöglinge gelacht und Kollegen durch den Kakao gezogen. Es ist fast nicht möglich, dass es noch einen Job gibt, wo man mehr erleben kann. Bedingter Weise sind nicht alle Erlebnisse lustig. Oder doch. Kommt darauf an, ob man Humor hat. Humor ist ja bekanntlich, wenn man trotzdem lacht.

Irgendwann war der Speicher im Kopf voll und die Ideen quollen nur so aus allen Ritzen meines blonden Schopfes. Ich habe abgewogen, welche Motivation es wohl für so eine zeitaufwendige Arbeit geben kann und welche Vor- und Nachteile das Ganze mit sich bringt.

- Ein Vorteil ist auf jeden Fall, dass ich Deutschlehrerin und der neuen deutschen Rechtschreibung mächtig bin.

Gelegentlich kommen mir Zweifel. Nach etwa zehn durchgesehenen Diktaten einer 7. Hauptschulklasse wusste ich auch nicht mehr, ob das Wort JAGD nun am Wortende mit d oder t geschrieben wird ... In solchen Momenten denke ich leicht panisch darüber nach, ob eigentlich Schüler mit ihren Äußerungen, ihrem Verhalten und Lebensweisen auch auf mich wirken.

- Zeit scheine ich auch aufzubringen und ich möchte so viel erzählen ...

Beflügelt wurde ich aber durch ein aktuelles Ereignis oder sollte ich lieber sagen eine Katastrophe?
Dieter Bohlen (Schreck lass nach) hat gerade sein Buch veröffentlicht. Das wäre ja noch nicht so schlimm, aber die Leute kaufen es auch noch! Warum? Es soll aber noch schlimmer werden. Altgestell Naddel will nun auch eins schreiben! Da hört dann jeglicher Spaß auf. In der Hoffnung, dass mein (eventuelles) Buch nie im selben Regal mit vorher genannten „Autoren" stehen wird, mache ich mich an mein Projekt

„Schulgeschichten, die keiner glaubt,
aber (leider) stimmen".

Bohlen tönte auf der Buchmesse, er hat 330 Seiten Trockensex geboten (für 20 €). Ich biete 83 Seiten trockenen Schulalltag, allerdings ohne Penisbruch. Tut mir leid.

Aber was rede ich von jetzt, begonnen haben meine ersten Jahre in einem ganz anderen Leben.
In meinem ersten Leben.

Zweiter Ferientag

Lehrer unter sich

Schlimm genug selber Lehrer zu sein. Aber ein Unheil kommt selten allein. Wir sind eine ganze Dynastie: Uropa, Oma und mein Mann alle waren oder sind Lehrer. Da gibt es was zu erzählen!

Die beiden Erstgenannten haben es bereits geschafft und genießen den Ruhestand – sozusagen Dauerferien. Mein Mann arbeitet an einer Gesamtschule. Mir haben unsere beiden Kinder schon immer Leid getan. Man sagt ja nicht umsonst: Lehrers Kinder, Pfarrers Vieh gelingen selten oder nie. Na, ja – ganz so schlimm kam es dann doch nicht. Beide stehen im Berufsleben und kommen super klar. Übrigens wollten sie keinen Lehrerberuf ergreifen. Eigentlich komisch. Es ist ein Phänomen.

Alle beneiden uns um die freien Tage und Wochen. Es ist super zeitig nach Hause zu gehen. Ich glaube in der Berliner Zeitung stand um 12 Uhr, dass die Lehrer ab 12 Uhr beim Tennis sind. Es ist super, immer andere arbeiten zu lassen, seine Hobbys zu pflegen, den Eltern Vorschriften zu machen und überhaupt – Superjob. Die Sache hatte nur einen Haken. Weder zu DDR-Zeiten noch heute drängelte sich jemand um diese Arbeit. Entschuldigend kam früher der unleidige Samstag hinzu. Der Unterricht an diesem Tag war die Härte. Auch zu diesen Zeiten standen die gleichen Nachbarn und tuschelten und lästerten laut, wo wir denn am Samstagnachmittag noch so spät herkommen. Die häufigsten Bedenken heute sind: „Das würde ich nervlich nie durchstehen." „Mich mit fremden Kindern herumärgern, nie." „Viel zu gefährlich geworden. Das Attentat in Erfurt...das könnte überall passieren."

Mit Spannung warte ich auf die nächsten Jahre. Alle Alten hören auf zu arbeiten. Aber wer unterrichtet dann? Die neuen Alten. Also mein Jahrgang. Ich habe die bittere Erfahrung gemacht, dass man auch in meinem hohen Alter noch die Jüngste sein kann. So geschehen vor drei Jahren.

Das schlimme Wort LEHRERÜBERHANG machte die Runde. Sozialverträgliche Listen gehen rum und plötzlich ist der Stadtschulrat da und will mit einem reden. Einfach so. Interesse- oder notwenigkeitshalber. Super! Mein damaliger alter Chef beteuerte mehrmals wie dringend er mich braucht, aber in der Not geht es auch ohne mich. Wie wir alle wissen, ist ja jeder zu ersetzen. Natürlich auch so eine kleine Grundschullehrerin. Hauptkriterium für meine Umsetzung war: Ich bin an meiner Schule die Jüngste! Das freut mich, denn wer kann das über 40 schon behaupten?

Ach wie liebe ich die Diskussionen mit Schülern um mein Alter.

Je jünger meine Opfer bei dieser Diskussion waren, desto günstiger für mich. In den Augen von Grundschülern gibt es nur Lehrer(innen) unter dreißig oder alte Lehrer. Das Aussehen ist dabei nebensächlich. Entscheidend ist das Temperament und der Habitus. Schleicht eine Kollegin mit eingezogenen Kopf und C&A-Karottenhose über den Flur, nie klar, ob sie den Klassenraum je erreichen wird, dann gehört sie automatisch zu den Fastrentnern. Ältere Schüler gehen kritischer heran. Hier zählt auch nicht unbedingt das Aussehen, sondern der Humorfaktor. Verbissene Schulschranzen sind out. Für eine positive Altersschätzung wäre es günstig, nicht wehleidig aus der Wäsche zu gucken. Gerade das scheint typisch für meine Berufsgruppe zu sein. Man leidet. Eigentlich ist es dabei egal, ob es vor oder nach den Ferien ist.

Diagnose: Schulallergie. Unpässlichkeit.

Wie mein Chef auch sonst betonte: "Was Frau ..., Sie haben Migräne? Monatsbeschwerden? Narbenjucken? Fußweh? Ich habe was, was immer hilft." Schon ist er am Aktenschrank und holt die Schnapsflasche vor. Er war sicher ein guter Mathelehrer. Was aber bei genannten diversen Wehwehchen hilft und wie es in einem weiblichen Wesen so manchmal aussieht, wusste er nicht. In seinem Junggesellenleben hat sicher immer seine Medizin geholfen. Bei mir nie. Wahrscheinlich wäre ich inzwischen schon Alkoholikerin. Allerdings wäre ich dann in der Schule in trauter Runde. Nicht alle Lehrer trinken, aber so mancher braucht den Trostschlucken.

Mein sonniges Gemüt half mir in so mancher Krise. Schüler sind selten das Problem. Mit ihnen kann man prima arbeiten und Spaß haben. Wenn mich jemand zum Heulen gebracht hat, dann waren es, abgesehen von meinen chaotischen Absolventenjahren, eher die Erziehungsberechtigten, die sich nicht kooperativ zeigten. Aber dazu später.

Ich verstehe zu 99 % die öffentliche Meinung über unseren Berufstand. Noch nie habe ich mich so unwohl gefühlt wie in einem großen Raum voller Schulpauker. Ich weiß nicht woran es liegt. Ich sehe auf drei Meilen gegen den Wind, ob mir in der U-Bahn oder in der Kaufhalle eine Lehrerin begegnet. Schlimmer ist es bei meinem Mann. Er sieht, vor allem in den Ferien, überall Lehrer. Eklig! Graue, hektische, leidend aussehende Menschen mit Aktentaschen (in den Ferien sind Ökobeutel verdächtig). Daher versuche ich genau diese Merkmale nicht zu erfüllen. Mir tritt der Angstschweiß auf die Stirn, wenn ich daran denke geoutet zu werden.

Pannen passieren natürlich. Der verflixte und unvermeidliche Lehrerkalender. Man steht beim Friseur und sucht nach einem geeigneten Termin. Schon ist es passiert. Auf dem vorderen Deckel steht groß und für jeden leserlich: LEHRERkalender. Also bekommt man Termine um 12 Uhr angeboten. Dumm gelaufen.

Bei Weiterbildungsveranstaltungen kann ich mich kaum auf den Vortrag konzentrieren, weil ich die Kolleginnen beobachte. Als erstes beginnt die Suche nach der Teilnehmerliste. Wer weiß, ob sie nachher noch da ist. Hektische Betriebsamkeit auf der Suche nach Informationsmaterial. Wo kann man etwas kostenlos erhaschen. (Lehrer sind sehr besitzergreifend. Nichts ist vor ihnen sicher.) Nun folgt die panische Platzsuche. Nachdem man sich mehrfach umgesetzt hat, den Sitz angewärmt hat, wird mit dem Nachbarn geschwatzt. Lehrer reden nicht nur vormittags unheimlich viel. Auch die beginnenden Ausführungen des Referenten stören dabei nicht. Die Schüler müssten mal ihre Lehrkräfte sehen! Ganz schlimm wird es, wenn die Diskussion beginnt. Jeder Kollege scheint sich äußern zu wollen. Egal ob der Vorredner alles schon gesagt hat oder nicht. Wichtig ist, sich zu positionieren. Dabei scheinen sich einige zum Ziel gesetzt zu haben, die Redezeit generell zu überbieten.

Und dann die Federtaschen! Kein normaler Mensch benutzt eine Schulfedertasche. Lehrer schon. Ob sie sich damit mit ihren Opfern solidarisieren, oder zeigen wollen: Sieh her du Blödie. In meiner Federtasche ist alles drin, was bei dir fehlt.

In meiner Vorstellung kommt einiges ungünstig zusammen: Ich bin eine ostdeutsche Diplomlehrerin, die an einer Grundschule arbeitet, da sie nur ein anerkanntes Fach hat und nicht verbeamtet ist. Ich hasse es nach meinem Arbeitsplatz gefragt zu werden. Erklären sie einem voreingenommenen Otto-Normalverbraucher, warum man als ausgebildeter Diplom- also Oberstufenlehrerin- an einer Grundschule arbeitet, warum man nur ein Fach hat und warum ich nicht verbeamtet bin. Ich habe über die Jahre die Salamitechnik erlernt. Gebe nur so viel von dir preis, wie es sein muss. Scheibchenweise! Aber sie kommen, die bohrenden neugierigen Fragen. Also passiert, was passieren muss. Alles kommt raus. Ist das eigentlich schlimm? Schließlich ist ja nichts Verbotenes daran als „AngDipllehrer an GS" zu arbeiten.

Erschwerend kommt dazu, dass ich echt blond bin. Ich mache mir da keine Gedanken darüber. Mitunter ist aber eine Skepsis bei männlichen Kollegen erkennbar. Ich rede natürlich vom Umgang mit der Technik, die wir gelegentlich in der Schule haben. Immerhin hat man mir aber einen Computerkurs übergeholfen. Ich komme mir wie ein Erstlehrer nach 1945 vor. Immer eine Stunde den Schülern voraus. Nicht dass ich mich nicht an den Computer setze. Nach jahrelangen Spielen folgte das Arbeiten in Schreibprogrammen, das reichte. Gab es ein Problem, rief ich einen meiner Männer. Beide Computerexperten. Nein, ich lebe nicht in einer Wohngemeinschaft oder schlimmer. Die Formulierung „meine Männer" führte auch schon in der Schülerschaft zu Verwirrungen. Gemeint sind damit mein mir angetrauten Lehrerehemann. Als wir heirateten wollte er noch einen anständigen Beruf ergreifen: Elektroingenieur, um näher bei mir und unserer schon geborenen Tochter zu sein, wechselte er nicht nur Studienort, sondern auch Studienfach. Zum großen

16

Leidwesen seines Vaters. Auch er wollte, dass er etwas Vernünftiges wird. Zu DDR-Zeiten zählte der Lehrerberuf anscheinend nicht dazu. Und mein zweiter Mann ist mein erwachsener Sohn, der uns bisher in unserem häuslichen Zusammenleben erhalten geblieben ist.

Hundert Mal habe ich mir vorgestellt, wie es bei Günther Jauch in der Spielshow „Wer wird Millionär" wäre. Von vorn herein müsste ich der Quotenossi auf dem letzten Stuhl in der Reihe zu sein. Eine Diskriminierung. Achten Sie mal darauf. Wenn fast keiner mehr in der Vorstellungsrunde kommt, dann sitzt er da, der Ossi, auf dem letzten Platz. Gar nicht richtig dazu gehörend. Einer unter zehnen! Angenommen, ich würde da sitzen…
Ich könnte es vielleicht auf den Stuhl bei ihm schaffen, aber dann ist mein Glück sofort vorbei. Es käme nämlich schon in der Vorstellungsrunde die Frage, was ich beruflich mache. Und was mache ich? Ich mache das, was die Zuschauer nicht hören wollen: „Ich bin Lehrerin." Natürlich wird vom sonst so sympathischen Interviewer sofort hinterfragt. „Für welche Fächer?" Mir würden sofort der Angstschweiß ausbrechen, denn für die Antwort: „Deutsch." gibt es keinen Sympathiepunkt. Nun würden sofort meine ernsthaften Probleme beginnen. Weitere unliebsame Fragen sind vorgebongt. Aber in dieser Phase wäre es egal wie das Gespräch, die Show etc. weiter verläuft, denn ich hätte bereits meinen Bonus auch ohne Joker vertan. Jauch würde mich derart abblitzen lassen, das Publikum sich schon freuen, wenn ein Lehrer endlich mal seine Unwissenheit beweisen kann, dass mir bei dem Gedanken ganz schwarz vor Augen wird. Ich schwöre, sollte ich irgendwann mal bei ihm sitzen, dann werde ich alles sein, nur kein Lehrer. Ich würde entgegen meiner Gewohnheiten lügen, dass sich die Balken biegen. Wie viele meiner Vorgänger würde ich mich nicht als gescheiterter

„Allesbesserwisser" auslachen lassen (mitunter war es sehr peinlich, was da einige Kollegen geleistet haben). Bei jedem anderen Vertreter eines Berufstandes wäre es egal. Wenn ein Arzt eine biologische Frage nicht beantworten kann, wenn ein Musiker eine Kunstfrage nicht beantworten kann – alles nicht schlimm. ABER, wehe ein Lehrer weiß etwas aus seinem Fachbereich nicht... Ich bin dann jedenfalls eine Hausfrau. Ich habe lange darüber nachgedacht, welchen Beruf ich angeben könnte. Mit Hausfrau fahre ich - so hoffe ich zumindest - am besten. Ich habe zwei Kinder und einen Haushalt, was nach westlichem Standard schon ausreichen würde, um eben eine gute Hausfrau abzugeben.

Eigentlich schreibe ich jetzt Dinge, die nicht typisch für mich sind. Ich stehe dazu. Ich wollte immer schon Lehrerin werden, bin es auch heute gern und werde wahrscheinlich bis das der Tod uns scheidet auch noch ewig Lehrerin sein.
Schon in meinen ersten Schuljahren tyrannisierte ich alle Freundinnen damit, mit mir Schule zu spielen. Beknackt. Da hat man frei und ich spiele Schule. Sie ließen es aber regelmäßig über sich ergehen. Vielleicht war ich ein guter „Spiellehrer"! Später war ich über Jahre als so genannte Gruppenpionierleiterin tätig. Ich betreute also jüngere Schüler bei ihrer damals noch schulpolitisch verordneten aber nicht unbedingt sinnlosen Freizeitarbeit. Eigentlich wurde nur der junge Mensch für pädagogischen Nachwuchs oder militärischen Nachwuchs (beide Male ging man von einer Bedrohung aus) geworben, der nichts mit sich anzufangen wusste.

Dass ich ein Exot bezüglich meiner Berufswahl war, bestätigte sich bereits in meiner Seminargruppe. Von 35 Kommilitoninnen waren nur vier freiwillig da. Alle anderen wollten etwas anderes werden. Bekam man den Studienplatz nicht, wurde man „umgelenkt". In diesem Fall lenkte man einer Katastrophe entgegen. Alle Lehrer, die heute nur jammern, und das sind viele, sind die „UMGELENKTEN". Dumm gelaufen. Wer konnte, hat nach der Wende sofort das Weite gesucht. Plötzlich ging, was vorher undenkbar war. Man konnte einfach als Lehrer aufhören. Zu sozialistischen Zeiten wurde das von vielen versucht aber nur von Einzelnen geschafft. Wäre interessant heute mal nachzufragen, ob diese schnellen Entscheidungen in der Wendezeit später bereut wurden.

Auch der Umgang mit seiner Freiheit musste erst gelernt werden.

Oh je. Da ist er der ungewollte erhobene pädagogische Zeigefinger. Man kann seine Herkunft nicht leugnen.

Ich muss mich in vielen Situationen stark zusammenreißen, dass ich nicht lehrertypisch reagiere. Jahrelang zuckte es in meiner Hand, wenn ich irgendwo ein großes Stück Papier auf der Straße liegen sah. Ich war schon fast dabei es aufzuheben und damit die vielen unverständlichen Blicke anderer Passanten zu erhaschen. Begegne ich in den öffentlichen Verkehrmitteln einer jugendlichen Horde von Halberwachsenen, die sich benehmen, als kämen sie von einem anderen Planeten, dann kämpfe ich mit mir. Fast wie im autogenen Training sage ich mir: Bleib ruhig, du bist privat. Misch dich nicht wieder ein. Es bringt ja doch nichts. Bleib ruhig... Selten habe ich mit meinen Beruhigungs-formeln Erfolg. Kurze spitze Bemerkung von mir und siehe da, die Teenies sind so geschockt, dass ihnen jemand sagt, sie sollen die Füße von den Sitzen nehmen, dass sie es glatt machen.

Aber alle haben den pädagogischen Zeigefinger gesehen.

Meine Nachbarin hatte es drauf. Eine nette und flotte Rentnerin fuhr mit ihrem Mann in der U-Bahn. Im Waggon eine Truppe pubertärer Täter, die schreiend und lärmend, die restlichen Fahrgäste nervten. Auch sie kämpfte mit sich, ob sie reagieren soll oder nicht. Sie machte es auf ihre Art.

Als sie ihr Fahrziel erreicht hat und ausstieg, schrie sie ebenso laut wie in Richtung ihres Mannes: „Wir sind da. Komm wir steigen aus. Hast du alle Tüten?!"

Damit hatte sie eine fatale Wirkung erzielt. Es herrschte nun absolute Ruhe.

Zurück zu den Lehrern.

An unserer Pädagogischen Hochschule gab es auch die Fachrichtung FPS – früher Freundschaftspionierleiter/ Staatsbürgerkunde. Eben FPS. Im Studentenvolksmund: Faul – plump – schlampig. Sehr schön zu sehen im Kultfilm „Sonnenallee". Wie in so vielen Filmen wird hier das typische Bild über einen Lehrer, wie es die breite Öffentlichkeit sehen will, auch gezeigt. Alt, unsympathisch und stur. Das ist das Bild, das man sich macht. Alt mag angesichts des Altersdurchschnittes in Berlin (liegt bei 47 Jahren) stimmen. Aber warum unsympathisch? Sozusagen aus Prinzip. Ich kenne viele, die es sind. Nicht nur Lehrer. Aber warum ist man generell kontra den Pädagogen eingestellt? In Elterngesprächen habe ich oft gemerkt, dass man zunächst als Gegner gesehen wird. Am Ende des Gespräches war man sich einig und – sympathisch. Zieht man doch an einem Strang. Alle Erziehungsträger gegen die Kleinen (Träger ist ein schönes Wort, trägt man doch eine große Verantwortung). Die letzte oben genannte Eigenschaft „stur" kommt einigen sicher nur so vor. Ein Ziel nicht aus den Augen zu verlieren und beharrlich daran zu arbeiten, mag manchem komisch erscheinen. Ist es aber nicht. Gelegentlich richten sich die Aktivitäten nämlich an die Eltern. Eine Mutter aus meiner damals 4. Klasse hatte für sich und ihre Tochter entschieden, nicht am neu eingeführten Englischunterricht teilzunehmen. Der lag aber auch ungünstig. Immer in der ersten Stunde. Man wollte lieber ausschlafen. Nach vielen Anrufen, Hinweisen und Gesprächen (ich war stur), hatte ich auch dieser Mutter klarmachen können, dass Englischunterricht schon ab 4. Klasse verbindlich ist... Vielleicht wäre die Teilnahme der Mutter an der letzten Elternversammlung doch nicht so verkehrt gewesen.

Oh, Mann! Elternversammlungen!

Hier knistert die Luft. Ich möchte die Eltern informieren und auch motivieren. Aber immer sind ein oder zwei Stänkerer dabei. Während mich so profane Probleme wie Gewalt in der Klasse oder die zunehmende Anzahl nicht erledigter Hausaufgaben beschäftigen, will eine Mutter mit konstanter Boshaftigkeit wissen, wann die nächste Klassenfahrt stattfindet. Kann ich eigentlich verstehen. Eine Woche ohne ihren Kronsohn muss auch für sie blanke Erholung sein. Eine andere Mutter möchte erst dann weiter diskutieren, wenn sie geklärt hat, wer den Sportbeutel ihres Sohnes verbummelt hat. Der Junge war eine Oberschlampe, was ich natürlich nicht sagen konnte. Höflich wies ich darauf hin, dass Zögling A. vielleicht selber Schuld hat. Oh Gott! Da hatte ich ja was gesagt. Besonders gut löst sich eine solche Situation auf, wenn die Eltern untereinander polemisieren. Ich danke ihnen dafür. Und nette, verständnisvolle Mütter und Väter gibt es genügend. So konnte bisher alles zur Zufriedenheit für alle ausdiskutiert werden.

Dritter Ferientag

Wir waren als Schüler gaaaanz anders

Man war ja schließlich auch mal ein Bankdrücker. Dass mich irgendwie besondere Lehrerleistungen überzeugt hätten und mich fürs Leben prägten, kann ich rückwirkend nicht feststellen. Es gab Lehrer, bei denen man gern in den Unterricht ging und andere, wo man sich täglich wünschte, sie würden nicht um die Ecke biegen und in die Klasse kommen.

Ich war eine ganz liebe Schülerin. Das war mir im Berufsleben nicht hilfreich. Ich musste meine schlechte Phantasie regelrecht zwingen, um einige Verhaltensmuster meiner späteren Zöglinge nachzuvollziehen. Mein Mann hatte es da leichter. Er war ein Lehrerschreck. Zur Erinnerung der alte Spruch „Lehrers Kinder ... „ usw.. Zu einigen seiner ehemaligen Lehrer haben wir noch Kontakt. Na, da hört man dolle Storys. Wenn die seine Schüler hören würden. Sein alter Klassenlehrer auf der Penne bekam bei der Nachricht, dass sein ehemaliger Schüler den Lehrerberuf ergriffen hat, fast einen Herzschlag. Der

Gedanke ihn auf unsere Zukunft, also Jugendliche loszulassen, hat ihn den restlichen guten Glauben an die Menschheit verlieren lassen. Ähnliche Reaktionen gab es auch beim letzten Abi - Treffen zum 25. Jubiläum. Fassungslosigkeit auch bei ehemaligen Mitschülern. „Du, Lehrer? Wie ist denn das passiert?" Noch zu gut in Erinnerung waren seine Dispute mit der Englischlehrerin, die sich auf ihre Art rächte und ihm leider nur eine Zwei zum Abi geben konnte und damit sein Prädikatabschluss „Sehr gut" versaute. Rache ist süß!

Die Mathelehrerin vermerkte den Hinweis im Klassenbuch: Schüler Peter kam wegen VERKEHRSSTÖRUNGEN zu spät zum Unterricht. Zu der Zeit gingen wir schon zusammen und ich kann bestätigen, oben genannter Grund kann es nicht gewesen sein.

Unsere sich damals anbahnende Liebelei zog allgemeines Unverständnis mit sich. Die Liebe und das Biest! Der Klassenlehrer nahm Kontakt zu meinen Eltern auf, um auf meinen schlechten Umgang hinzuweisen. Nun haben wir Silberhochzeit und mein Mann ist ein hervorragender Lehrer geworden.

Manchmal taten mir unsere Lehrer auch leid. Die Mathedame war eine alte Jungfer von ca. 60 Jahren und altmodischen Dutt. Sie schritt durch die Reihen und merkte nicht, dass in ihrem Rücken die Jungen mit großem Magneten langsam aber sicher die riesigen Haarnadeln entfernten. Am Ende der Stunde ließ sie wie Rapunzel ihr Haar herunter, allerdings unfreiwillig und ohne einen Prinzen herein zu lassen.

Einmal kündigte sie einen Test an. Wir hatten wieder nicht gelernt. Also musste guter Rat her. Alle waren sich einig: Heute ist kein Tag für einen Test. Schnell wurde Konfekt gekauft und Musikinstrumente bereitgestellt. Die Ahnungslose betrat den Raum und unsere FDJ-Vorsitzende überreichte die Pralinen mit einem herzlichen Dank (welch

Zynismus) und verwies auf die Instrumentalgruppe, die nun begann, über einen langen, sehr langen, immer länger werdenden Zeitraum zu musizieren. Durch das Klingeln am Stundenende wurden wir –glücklich- in die Pause entlassen. Das Schicksal ging zumindest an diesem Tag an uns vorüber.

Gerade denke ich an die damalige Deutschlehrerin, die aus heutiger Sicht fachlich Klasse war, aber uns nicht wirklich zu Freunden der Klassischen Literatur und deutschen Sprache machte. Sie beschrieb meinen Schreibstil in Aufsätzen als verschraubt. Was ist ein verschraubter Schreibstil? Lesen Sie dieses Buch zu Ende und Sie werden es erfahren.

In Staatsbürgerkunde war mehr los. Da lief der Herr Genosse mit alten Beulen an der Stirn, Folgen eines Schädelbruches, bei der Erklärung des philosophischen Begriffs Materie wenigstens gegen die Fensterscheibe. Geholfen hat es weder bei der Begriffserläuterung noch bei ihm. Man hat ihm nämlich im Stadtpark die Aktentasche mit unseren Arbeiten gestohlen.

Stellt sich die Frage, wer wollte unsere Arbeiten haben? Oder war entsprechender Pauker zu faul zum Durchsehen und Zensieren?

Das sind alte Geschichten und erinnern tatsächlich an die Feuerzangenbowle. Eigentlich schade, dass die Schüler heute nicht auf solche harmlosen, doch man kann sagen harmlosen, Gags kommen.

Vierter Ferientag

Hilfe – ich werde auf die Schüler losgelassen

Nur vier Jahre später ging ich als frischgebackener Absolvent nicht ganz freiwillig nach Marzahn. Marzahn war 1981 noch im Aufbau. Eine riesige Neubausiedlung. Platte an Platte. Man baute, als würde ganz China zu uns ziehen wollen. Die Häuser wuchsen wirklich wie Pilze aus dem Boden. Jeden Tag konnte man sehen, wie die Häuser an Höhe gewannen. Da wo viele wohnen, muss es auch Kaufhallen geben und natürlich auch Schulen. Alles wurde aus dem Boden gestampft.
Entlang der S- Bahnlinie Marzahn entstanden vier riesige Wohngebiete. Jedes bekam unzählige Schulen, denn es gab auch unzählige Schulkinder. Ich fuhr damals bis zur Endstation und marschierte über eine riesige Baustelle und war an einer dieser neuen Schulen angekommen. Ein Irrenhaus. 90% aller Absolventen wurden in diese Neubaugebiete geschickt. An unserer Schule fingen dreißig neue Lehrer an, darunter siebzehn Absolventen, die von Tuten und Blasen keine Ahnung hatten. Sie liefen in

Gummistiefeln über die Baustelle. Hier begannen meine ersten Probleme. Es entstand ein wenig der Eindruck, dass es mir nicht nur an Erfahrung fehlte, sondern dass Kinder von Familien, die nach Marzahn zogen, nicht ganz einfach sind.

Auf dem Platz, der ein Schulhof sein sollte, warteten am ersten Schultag alle darauf ihre Klassen zu übernehmen. Wie Napoleon stand der junggekürte 27jährige, unerfahrene Direktor mit einem Wust von Listen an einem Baugeländer und rief erst den Klassenlehrer und dann die Schüler der jeweils neu gegründeten Klasse auf. Genau damit hatte ich an jenem Tag mein Problem. Zur entsprechenden Zeit war ich mit einem rasenden Taxi Richtung Marzahn unterwegs. Ich hatte die ganze Nacht vor Aufregung nicht einschlafen können. Dann bin ich eingeschlafen und viel zu spät aufgewacht. Bei den Worten des Direktors:

„Klasse 5b, Frau ...", kam das Taxi mit Karacho, soweit der Schlamm das zuließ, auf den Schulhof. Ich riss die Tür auf und konnte meine neuen 25 Zöglinge aus den Händen des staunenden Chefs in Empfang nehmen.

Mit genau dieser Klasse sammelte ich im einzigen Wäldchen des ganzen Wohngebietes Kastanien. Super Stimmung, toller Sammelerfolg und viele tobende, schreiende Kinder. Die Sache hatte nur einen Haken: Wir befanden uns wie gesagt im einzigen Wald des Wohngebietes – einem Friedhof!

Unsere Sammelleidenschaft hat uns kurz darauf nochmals in Schwierigkeiten gebracht. Eines Tages lief die Biokollegin, mit der ich mir einen Vorbereitungsraum teilte, schreiend übern Flur. Was war passiert?

Meine Klasse hat sich vorbildlich an der monatlichen Altstoffsammlung beteiligt und dabei im Schulkeller zwischen den Kisten ein Nest mit zwei süßen kleinen Mäuschen gefunden. Diese präsentierten sie mir in einem Glas und auch ich fand sie ganz niedlich. Um allen

Problemen aus dem Weg zu gehen, habe ich das Glas bis zum Unterrichtsende in meinen Vorbereitungsraum gestellt. Genau da sah die Biokollegin, wie sich nun herausstellte, die RATTEN und machte Hektik. Also Meldung an die Schulleitung, hundert Punkte für die Klassenlehrerin, Desinfizieren aller Schüler, die Kontakt mit den Tierchen hatten. Woher sollte ich wissen, dass das Küssen kleiner niedlicher Tiere so einen Wirbel verursachen kann. Seit jenem Tag kann ich junge Mäuse von kleinen Ratten unterscheiden und weiß wie ein verärgerter Direktor eine junge Absolventin einen Kopf kleiner machen kann.

In dieser Schule hatte ich aber auch meine ersten rechtschreiblichen Begegnungen der dritten Art. Man ahnt nichts Böses und schreibt seinen ersten Aufsatz mit einer 5. Klasse. Unvermeintlich über das Standardthema nach den Sommerferien:

Beschreibe dein schönstes Ferienerlebnis!

Ziemlich unvorbereitet trafen mich Passagen, die ich zunächst nicht lesen konnte. Hier eine meiner Lieblingsstellen: „So kamen wir in die Statt ... da es stak regnette bummellten wir durch die geschäffte. Wir giengen so und blötßlig sah ich was. Ein Bähschen Spee."

Nun übersetzt: So kamen wir in die Stadt...da es stark regnete bummelten wir durch die Geschäfte. Wir gingen so und plötzlich sah ich was. Ein Päckchen Spee.

Dieser Leckerbissen deutscher Ausdrucksweise ist im Rahmen ehemaliger DDR-Engpässe zu werten. Das neu eingeführte Waschpulver „Spee" gab es Anfang der 80er noch nicht immer und überall. Man stelle sich vor. Da geht so ein kleiner Schüler zu tiefsten DDR Zeiten durch eine Bummelmeile. (Gab es die damals auch schon?) Und was findet so ein gebildeter Pionier sensationell? Er sieht in der Auslage eine Bückware. Etwas was es sonst nur selten gibt. Und in diesem tollen Feriendomizil steht es nun - das Paket Spee. Im weiteren Aufsatz erfuhr ich mehr über diesen familiären Höhepunkt, denn man kaufte das Waschpulver natürlich. Ein interessanter Einblick deutscher Geschichte. Mich berührte damals weniger der Einkauf als eher die schlimme Rechtschreibung. Hätte ich gewusst, was mich in den nächsten Jahren noch erwartet, hätte ich mich sicher über diesen kleinen Fauxpas nicht erregt...

Aber was regen wir uns über die Rechtschreibung auf! Können wir denn fehlerfrei schreiben? Was umgibt uns denn? Im Alltag begegnen uns überall Rechtschreibfehler. Am schlimmsten sind die Fehler in der täglichen Presse. Das macht mich fertig. Immer denke ich: Hoffentlich sehen das die Schüler nicht. Aber die Gefahr ist eh gering. Sie lesen ja kaum Zeitung. In diesen Ferien war ich in einem An- und Verkaufgeschäft. Da sah ich das Hinweisschild: Butikwaren! Mir rollten sich die Zehnägel auf. Boutique war wohl gemeint. Selbst auf einer öffentlichen Toilette fällt mir beim Sitzen auf dem Örtchen das Schild „ Bitte keine Binden und Tampongs hinneinwerfen!"
Und dann denke ich auch noch an die Erziehungsberechtigten. Keiner ist fehlerfrei. Aber was da so auf den unaufgeräumten Lehrertisch flattert, ist schon beängstigend.
Entschuldigungszettel: „ Werthe Frau Loebe, bitte endschuldiegen sie das fehlen meines Sohnes, aber ..." Nicht so schlimm, es ging ja um den Inhalt und den konnte man trotzdem erfassen. Wenn es nun dabei bleiben würde, wäre es auch noch in Ordnung. Aber genau diese in der Rechtschreibung nicht so sattelfesten Eltern helfen dann auch bei den Diktatberichtigungen...
Wenn doch wenigstens die Rechtschreibreform etwas Erleichterung gebracht hätte.
Da erwiesener Maßen die meisten Fehler in der Groß- und Kleinschreibung gemacht werden, wäre es genial gewesen,

diese auch in unserer Schriftsprache abzuschaffen. Aber nein! Man quält uns weiter.

Gleich nach Einführung der Ergebnisse der Rechtschreibreform wurden wir angehalten, alle Texte in schulischen Bereichen auch danach zu schreiben. Na gut. Haben wir brav gemacht. Aber ob die Eltern nicht manchmal dachten: Gott die arme Frau! Nun ist sie schon Deutschlehrerin und schreibt selbstständig trotzdem mit doppeltem „st"...

Aber weiter mit meinen Erlebnissen in der Absolventenzeit.

Ich bin für Safersex. Aber nicht in meinem Unterricht. Als Absolvent hat man es wirklich nicht leicht. Die größeren Schüler (gerade mal 6 Jahre jünger als man selber) ließen keine Gelegenheit aus, die Grenzen der Toleranz eines kleinen Absolventen auszuloten. Problem dabei: Man ließ viel zu viel zu oder reagierte nicht so, wie man reagieren muss.

In der letzten Reihe wurde so intensiv geknutscht, dass ich Angst hatte, Zeuge einer Ekstase zu werden. Vielleicht lag es am nicht immer gelungenen Unterricht. Asche auf mein Haupt.

Noch gefährlicher wurde es in einer anderen 10. Klasse. Oh Gott muss ich eine Pfeife gewesen sein! Ich traue mich kaum dieses Ereignis zu erwähnen. Es hat sich doch Tatsache ein Schüler in der ersten Reihe eine Zigarette angesteckt. Das muss man sich mal vorstellen.

Es ging mehrfache Gefahr davon aus: 1.Rauchen ist ungesund. 2. Der Deutschunterricht ist einfach nicht der rechte Ort dafür. Und 3. dachte ich in erster Linie an den nächsten Anschiss vom Chef. Denn dieses Ereignis würde garantiert nicht unbekannt bleiben.

Mal wieder saß ich heulend bei der Planerin im Nebengelass. Samstag war Heultag, andere machen einen Waschtag. Ich heulte, regelmäßig und ausdauernd. Es lag auf der Hand. Ich bin als Lehrer nicht geeignet. Am liebsten hätte ich das Handtuch geworfen. Aber welche Alternativlösung für meine Zukunftspläne gab es. Ich kann nichts Besonderes - typische berufliche Vorraussetzung für einen Lehrer. Aber auch Lehrer sein konnte ich nicht. Schnöde Welt. Da es zur DDR-Zeit keine Arbeitslosen gab, hoffte ich auf ein Wunder, das geschehen mag. Und es geschah. Ich wurde schwanger und damit erledigten sich gleich verschiedene Probleme für mich: Ich ging in den Schwangerschaftsurlaub, weit weg von Schülern und Unterricht und einem überforderten Chef, nahm mein Babyjahr, da es ja mein zweites Kind war, und nun kommt das Beste – nach dem freien Jahr stellte ich keck einen Versetzungsantrag in meinen Wohnbezirk. Man versuchte mich und meinen Mann zu bestechen. Wir bekamen eine Neubauwohnung in Schulnähe in Marzahn angeboten, als Bonbon sozusagen. Welcher Idiot würde sich heute bestochen fühlen, wenn er solch ein Angebot bekäme? Bei uns hat es aber auch damals nicht geholfen. Lieber würde ich noch weitere 20 Jahre Kohlen in meinen 2. Stock schleppen, aber nicht in diese Mietskasernen ziehen.

Auch wird generell davon abgeraten im Arbeitsbezirk auch zu wohnen. Genau das passierte mir aber einige Jahre darauf. Reiner Zufall. Ich sah es vorwiegend positiv, denn wer hat schon in Berlin einen Arbeitsweg von zwei Minuten anstatt einer Stunde zuvor?!

Wie viel Zeit ich jetzt sparte: Jeden Tag 58 Minuten, dass macht in der Woche 290 Minuten...

Während ich die neue Situation genoss, fühlte sich meine Familie zunehmend gestresst. Häufig standen Schüler vor unserer Tür, ständig sprachen uns Eltern in der Kaufhalle an und das Bummeln am Sonntag war schwatzend nicht möglich, denn alle paar Meter hieß es: „Guten Tag Frau Loebe ...!"

Man kann es sich eben selten aussuchen, wo man arbeitet.

5. Ferientag

Wir gehen der Wende entgegen, ohne etwas davon zu ahnen

Neue Schüler, neue Kollegen, neues Umfeld. Neue Gefahr.

Auch an dieser Schule waren eine Menge junger Kollegen und ich lernte meine Freundin kennen, mit der ich in den folgenden Jahren eine Menge Unfug anstellte und Spaß hatte. Unser erster Cup war der Schulfasching. Wir waren als Aufsicht eingeteilt worden und langweilten uns im Lehrerzimmer. Im Keller tobte das Leben. Da wir damals noch schlank, rank und faltenfrei waren und es sowieso im Raum finster war, beschlossen wir, uns unter die Massen zu schummeln. Eheringe ab, Perücken auf, geschminkt und los ging es. Über eine Stunde saßen und quatschten wir mit den ahnungslosen Discobesuchern. Die Jungen holten uns zum Tanzen und baggerten uns an. Der Spaß war allerdings nur einseitig, denn unseren Schülern war es im Nachhinein mehr als peinlich. Ärger gab es auch noch, denn während unserer Maskerade wurde „Jeanie" gespielt. Ein zur damaligen Zeit verbotener Titel von Falko, den ich selber toll fand. Irgendwer hatte wieder gepetzt. Ein kleiner Rapport bei der Direktorin war unvermeintlich.

Den größten Spaß (nicht ganz ohne Folgen) hatten wir aber an einem 1. April. Für das Lehrerzimmer haben wir einen Aushang vorbereitet.

Der Wortlaut: „ Auf Grund herausragenden Leistungen der Lehrer hat die Regierung der DDR in Vorbereitung auf den Lehrertag am 12. Juni 1985 beschlossen, besondere Konsumgüter anzubieten. Tragen Sie sich schnellstens in beiliegende Listen ein. Mit soz. Gruß ...

Es besteht die Möglichkeit folgende Güter in begrenzten Mengen zu erwerben:

- gespundete Bretter
- selbstklebende Auslegware
- elektrische Eierkocher
- Standheizung für den Wartburg

Für damalige, traurige Konsumgüterzeiten eine Sensation, diese exotischen Waren erhalten zu können. Man beachte den ersten Satz: ... herausragende Leistungen der Lehrer..." Da würde heute der Aprilscherz schon enden!

Innerhalb kürzester Zeit hatte sich eine Traube von Kollegen vor dem Zettel gebildet und die Liste sich gefüllt. Au weia! Nicht alle konnten nach der Aufklärung des Scherzes lachen. Mussten sie nun doch im Bad mit Ölsockel weiterwohnen, die Eier im Alutopf kochen und im Wartburg frieren.

Früher war es auch üblich, wichtige Informationen über ein Rundspruchverfahren an andere Schulen weiter zu leiten. So verstellten wir uns am Telefon und gaben diesen „Brief" auch noch im Stadtbezirk weiter...

Das ist wohl ein hervorragendes Beispiel für Humor. Denn Humor ist es, wenn man trotzdem lacht. Auch über fehlende Konsumgüter...

Abenteuerlich waren auch unsere FDJ-Lehrerversammlungen, die wir zu 99 % außerhalb der Schule (in Kneipen) durchführten. In einer zwielichtigen HO Tanzgaststätte waren wir voll im Gange. Mein Tanzpartner war sehr anhänglich und ich wurde ihn nicht wieder los. Ich musste zum Äußersten greifen. Irgendwann kam nämlich die entscheidende Frage auf die ich schon gewartet hatte: „Äh, was machst du eigentlich beruflich?" Nun musste ich mich entscheiden. Entweder ich lasse mir einen neuen Beruf einfallen und amüsiere mich mit dem jungen Mann, oder ...? Ich konfrontierte ihn mit der knallharten Realität und konnte so ganz ungestört den restlichen Abend mit mein „Jugendfreunden" verbringen. Nicht selten waren wir die letzten Gäste und solidarisierten uns mit angetrunkenen Mitgästen, auch unter dem Tisch. Dieses Ereignis möchte ich hier nicht näher schildern.

Vor einem wichtigen Pädagogischen Rat (diese waren immer gaaaanz wichtig) hatten wir uns einen kleinen Martini in der benachbarten Kneipe gegönnt. Sozusagen als Einstimmung und Durchhalter. Prompt kam unsere Direktorin in das Lehrerzimmer und stellte fest: „Hier riecht es nach Alkohol!" Das war natürlich ganz unmöglich. Zum Glück musste sie sich auf ihr Referat vorbereiten und konnte „der Fahne" nicht nachgehen. Wir rächten uns mit einer internen Strichliste. Wer wurde in der Rede wie oft positiv oder negativ genannt. Bei jedem Strich amüsierten wir uns prächtig. Zwei Stunden und viele Striche später hatten wir es geschafft und wir waren mit unserem Abschneiden ganz zufrieden.
Beliebt war auch die auseinander gebogene Büroklammer, die mit der Frage „Was ist das?" herumgegeben wurde. Antwort: Ein Schamhaar der eisernen Lady! (Gemeint war M. Thatcher damals Premierministerin in England). Auch

Zettel machten die Runde: Ich bin gut zu (v)Vögeln, oder „Wer heute schon Verkehr hatte, bitte lächeln. Danke!". Na ja. Ich gebe zu, nicht gerade niveauvoll, aber in schnöden Versammlungen auflockernd.

Oh ihr Schüler! Eure Lehrer können so cool und einfallsreich sein. Ihr und wir wären ein unschlagbares Team. Aber wer tritt gegen uns an?

Da war auch noch die Sache mit dem Schüler, der dem ABV eine langte. Nun aber genug, es wird ja immer schlimmer. Was sollen die Leser über die Volksbildung denken?

In Verbindung mit der Polizei ist mir etwas Peinliches passiert. Im Umgang mit den Zehnten war man schon ein wenig lockerer. Das Erzählen von Witzen gehörte dazu. Damals total in: Polizistenwitze. Ich hatte gleich eine ganze Batterie davon auf Lager, die ich auch zum Besten gab. Kennen Sie die: Was ist das, wenn mehrere Polizisten hintereinander laufen? Ein Flaschenzug! Oder: Warum gehen immer zwei Polizisten auf Streife? Damit sie zusammen die 8. Klasse schaffen! Ich fand sie jedenfalls lustig. Und das nicht nur, weil mal nicht die Lehrer dabei schlecht wegkommen. Im Februar eines jeden Schuljahres gab es die Woche der Wehrbereitschaft. Ich wurde dazu eingeteilt, mit den 10. Klassen zu einem Vortrag in ein Polizeirevier zu gehen. Das machte ich dann auch. Der grüne Mensch begann im Revier seinen Vortrag damit, die Menschen zu verurteilen, die so dumm seien, Polizistenwitze zu verbreiten. Alle Schülerköpfe gingen in eine Richtung – in meine- und ich saß wie zur Salzsäule erstarrt auf meinem Stuhl. Leider gab die Erde unter mir nicht nach und so musste ich mit hochroter Rübe zugegen bleiben. Peinlich!

Es gab ja auch ernsthafte Themen.

Üblich war, dass jeder Lehrer egal ob Altgestein oder FDJ-Lehrer sich dem FACH - Berater stellen muss. Eine hospitierte Stunde war nicht unbedingt der Wunsch eines Lehrers, da man sich schon im Umgang mit den Schülern (weder Lehrer noch Schüler schreien – aus welchem Grund auch immer, alle gucken freundlich, alle tun interessiert) verstellen musste. Außerdem war alles mit einem wesentlichen schriftlichen Aufwand verbunden. Ich frage mich, wieso das so war. Der Ausgang der Stunde und die Auswertung waren für den weiteren Verlauf des beruflichen Daseins völlig egal. Mancher Kollege machte sich einen Spaß daraus. So geschehen mit einer besonderen Kraft. Der Kollege aus dem naturwissenschaftlichen Bereich legte vor seinem Fachberater eine saubere Stunde aufs Parkett, in der sich fast immer a l l e Schüler meldeten und nach Abschluss der Stunde beim Weg zur Hofpause patrouillierten sie am Lehrertisch vorbei und bedankten sich für die tolle Stunde. Zur Erklärung des Lesers: Die Schüler wurden natürlich vorher instruiert. Klare Order: Wer nichts weiß, meldet sich mit der rechten Hand, wer eine Antwort geben möchte, meldet sich mit der linken. Das war das Geheimnis einer super aktiven Klasse. Alle hatten so einen Schiss vor der Lehrkraft, dass sie es so machten wie man ihnen vorher aufgetragen hatte. Vielleicht war das auch ein Grund, warum es mit der Volksbildung bergab ging. Allseitig gebildete Schüler, mit guten Voraussetzungen verließen nach absolvierten Prüfungen die POS, aber sie mussten ganz bestimmt noch lernen nicht automatisch das zu machen, was man ihnen sagte.

Die derzeitige Direktorin, die heute auf Mallorca lebt, andere haben sich nach Chile zurückgezogen, schrieb Revolution mit drei r und war vom Ehrgeiz zerfressen. Panik brach aus, als sich unsere Freunde aus der Volksrepublik Polen zu einem Ferienbesuch anmeldeten. Wir hatten damals noch keine Ferien in den Ferien. Die Grünflächen wurden noch grüner, die Räume noch sauberer, die Direktorin noch aufgeregter als sonst und alles wirbelte. Ich hasste den eiligen Kauf der obligatorischen Hängepflanzen, die dekorativ in den Fluren an jeder Säule angehangen wurden (die Schule sah danach wie ein botanischer Garten aus). Aber das ging schnell vorüber, weil nach dem Ferienbesuch keiner mehr die Blumen goss und nur noch kahle, elend herabhängende Stränge mit vereinzelten gelben Blättern hingen. Das war aber nicht das Problem. Aber: Wir bekamen polnische Pfadfinder als Einquartierung. Wo sind normalerweise Pfadfinder? Richtig, irgendwo im Wald. Und was hat man in einem wilden Wald nicht? Auch richtig. Ein Klo. Es ist nicht gelogen. Es wurde daneben geschissen, Abfall in unsere tollen und gehassten Grünanlagen geworfen, Dreck und Schmutz in ungeahnten Ausmaßen in den einst sauberen Klassenräumen verteilt. Dem ganzen Spuk wurde automatisch ein Ende gesetzt, als man auf einem der falsch benutzten Klos an der Wand ein Hakenkreuz vorfand. Viele grüne Menschen kamen nun in die Schule. Sie passten gut zur Gesichtsfarbe der Direktorin. Die Polen reisten vorzeitig ab.

Natürlich waren unsere Toiletten auch ohne diese Zwischenfälle nicht ohne. Keiner, der nicht auch mal in eine alte DDR-Schule gegangen ist, kann nachvollziehen, welcher individuelle und nicht zu vergessene Gestank von diesen Klos ausging. Betrat man ein Schulgebäude, hatte man sofort diesen beißenden Uringestank in der Nase. Widerlich! Die Toiletten waren noch im historischen Originalzustand vom Bau. Geht man dem Gestank nach, dann muss das um die Jahrhundertwende gewesen sein. Apropos Wende! War Geld vorhanden, dann wurden als erstes die „Örtchen" rekonstruiert. Dafür waren alle dankbar. Man musste nun nicht mehr den halben Tag mit überfüllter Blase umherlaufen und auf den erleichternden Gang zu Hause warten. Unsere Jugend von heute weiß das nicht zu schätzen. Die kleinen Pullerheinis aus der ersten Klasse machen Folgendes: Sie benutzen nicht die vorgesehenen Pinkelbecken oder Toilettenbecken für ihr kleines Geschäft, sondern sie pullern in angenehmer Höhe in die Wandhalterung der Klobürste! Ferkel! Ungeklärt blieb bisher allerdings, ob es sich bei dieser Handlung um ein reines Vergnügen handelt, oder um eine Notwendigkeit. Die Schniepelhöhe und –länge passt vielleicht nicht zu den genormten schicken Westklos!? Das wäre doch mal eine neue P...studie wert.

Na wer hätte das gedacht? Kommt in meinem Buch doch ein Penis vor (fast wie bei Dieter).

Und da wir gerade bei Nostalgie sind. Heute ist das Vervielfältigen von Arbeitsblättern etc. ja kein Problem mehr. Kopierer sind das Vernünftigste, was man für den Schulalltag erfinden konnte. Zu tiefsten Ostzeiten gab es zum Kopieren in Ausnahmefällen nur eine Möglichkeit. Man besorgte sich Ormigpapier. Dieses musste mit einer Art Blaupapier gekoppelt werden. Nach dem hoffentlich richtigen Legen und Beschreiben des Papiers wurde dieses in akribischer Bastelarbeit in ein Gerät eingespannt und manuell über eine Walze gezogen. Diese war mit einer Art Spiritus getränkt. Die neuen feuchten Blätter servierten uns eine Kopie mit blassblauer Schrift auf feuchten Untergrund. Hatte man die Blätter getrocknet und seine vom Ormigpapier total blau gefärbten Finger im Griff, konnten entsprechende Arbeitsblätter im Unterricht verwendet werden. Allerdings mit Nebenwirkungen. Die Blätter stanken nun extrem nach reinem Alkohol. Die Schüler mochten das sehr. Sie schnüffelten minutenlang daran herum. Es wundert mich noch heute, dass der chemische Vorgang bei den Kollegen keine Allergien auslöste und dass von den Schülern keiner wegen Alkoholmissbrauches vom Stuhl fiel.

Das ist mein neues Stichwort: Alkohol!

Erfreulich waren unseren geheimen Silvesterfeten in der Schule. Mehre Familien zogen mit Kind und Kegel ein. Klassenräume wurden zu Computer- und Schlafräume für die eigenen Kinder hergerichtet, Erichs Bilder abgehangen (der wollte sicher nicht sehen und hören, was sich da tat) und das Lehrerzimmer wurde der Aktionsraum. Diese gemeinsamen Feiern hatten was von echtem Gemeinschaftsleben. Alle verstanden sich super. Ohne viel Aufwand und finanziellen Ausgaben hatten wir eine Menge Spaß. Der Frühschoppen am nächsten Tag, bei dem aufgeräumt wurde und wir versuchten, den ursprünglichen Zustand des Lehrerzimmers wieder herzustellen, war auch nicht zu verachten.

Nach den Ferien wurde unser Sohn in der ersten Klasse von seiner Lehrerin gefragt, wie es denn bei ihm zum Neujahrsfest war. Seine Antwort: „Toll, wir haben in Muttis Schule heimlich gefeiert. Alle waren betrunken. Es wurden sogar Pfannkuchen im Lehrerzimmer geworfen. Als wir nachts um 3 Uhr nach Hause gingen, hat Mutti einen Knaller in eine Mülltonne geworfen. Das war geil." Leider war die Aussage inhaltlich völlig korrekt...

Gefeiert wurde auch der Tag des Lehrers. Irgendwie hatte das was. Für einen Tag war man ein Gefeierter und das fand ich toll. Am Vormittag wurde man mit Blumen und Konfekt überhäuft. Fast jede Familie schickte ein kleines Präsent mit. In der Pause wurde angestoßen und nach dem Unterricht gab es eine Feierstunde mit Festrede (darauf hätte man nun wiederum verzichten können) und es wurden Prämien vergeben. Zum Abend ging das Kollegium, oft mit Ehepartnern – ist heute völlig aus der Mode - in eine gepflegte Gaststätte feten. In Erinnerung ist mir noch die letzte Feier im Jahr des Mauerfalls. Wir waren in der

Friedrichstraße in Hotel „Lindenkorso" und stießen mehrfach mit dem damals sehr begehrten Wein „Murfatlar" an. Lag es an der Menge oder an der Qualität, jedenfalls ging es einigen gefeierten Lehrern am nächsten Tag nicht gut. Auch mir nicht. Es war Wochenende und ich hütete bis in den Nachmittag das Bett. Dann musste ich aufstehen, denn am Nachmittag war ein Empfang im Roten Rathaus an dem ich teilnehmen sollte, wollte, musste. Ein Stehempfang mit Umtrunk. Ich konnte weder stehen noch trinken, aber ein Lehrer ist diszipliniert und steht auch in solchen Situationen seinen Mann.

Das sind Geschichten aus dem alten (Rom) Berlin...

Da ahnt man nichts Böses und hat gerade noch die Aktuelle Kamera gesehen und schon ist man über Nacht ein halber und nach einem weiteren Schuljahr ein ganzer bundesdeutscher Bürger. Geil, geil und nochmals geil, denn einer meiner sehnlichsten Wünsche, den ich mit vielen anderen Lehrern teilte, wurde nun wahr. Wer auch immer die gesellschaftlichen Wirren missbrauchte und Kraft seiner neu gewonnenen Freiheit und Demokratie Beschlüsse fasste: Es gab zunächst jeden zweiten und dann jeden Samstag schulfrei. Genial!

Mein Sohn, den ich am Samstag immer mit in die Schule nehmen musste (mein Mann arbeitete ja auch), brauchte nun nicht mehr seine Samstagvormittage in grauen Sekretariaten auf mich warten, nicht mehr in fremden Mappen nach etwas essbar Verwertbaren kramen und auch nicht mehr seine Malkünste an der Tafel stundenlang ausbreiten.

Wahrscheinlich prägten diese Vormittage unsere Kinder, gerade im frühen Kindergartenalter und sie bekamen den ersten Knacks bereits hier weg. Egal ob es der erste Kontakt mit Asbest war, oder einfach die immer vorhandene Hektik in Schulalltag.

Ein Schuljahr lang. Lehrer rechnen generell alles in der Zeitrechnung von Schuljahren, Kalenderjahre gibt es nicht. Das führt dann im Umgang mit Normalsterblichen zu Problemen. Zum Beispiel im Reisbüro. Ich denke an die Osterferien und möchte rechtzeitig im Herbst einen Urlaub buchen. Ich sage also: „Dieses Jahr wollen wir zu Ostern in Deutschland bleiben." Das mir gegenüber sitzende Gesicht guckt so, als wollte es mir sagen:

„Arme Frau. So jung und doch so kaputt. Es war doch schon längst Ostern! Vielleicht sollte sie lieber eine Kur buchen."

Also: Ein Jahr beginnt im August mit dem Schulanfang und hört im Juli mit Schuljahresende auf. Die Ferien dazwischen gehören in ein Niemandsland! Man muss sich das wie eine lange Neujahrnacht vorstellen!

Nach dem Fall der Mauer herrschte also ein Schuljahr lang Narrenfreiheit. Keiner wusste wo es lang geht, alle machten was sie wollten, keiner wusste warum, alle machten mit und was dann herauskam (das wissen wir heute) war das, was keiner wollte. Das Stellen der Vertrauensfragen war modern. Erste Amtshandlung unseres Kollegiums: Es wurde der Direktorin die Vertrauensfrage gestellt, bei der sie einfach gar keine Chance hatte. Zu viele Kollegen hatte sie während ihr „Herrschaft" verärgert. Es wurde dann gleich aus den eigenen Reihen eine neue Chefin gewählt, die auch heute noch als Schulleiterin arbeitet, und nach zehn Nachwendejahren aufpassen muss, nicht zum gleichen Charakter wie unsere alte Chefin zu mutieren.

Schüler von damals sind heute Eltern meiner jetzigen Schüler.

Wie oft werde ich auf der Straße, beim Fitness oder (mir echt passiert) im Krankenwagen angesprochen. „Sie sind doch ...!" Ja ich bin es. Aber wer ist mein Gegenüber? Ich weiß es nie. Man soll ja niemals nie sagen, aber in diesem Zusammenhang stimmt es.

Da steht ein groß aufgewachsener Mann mit markantem Gesicht und keines der mir halbwegs geläufigen Kinderpausbäckchen von früher passt dazu. Ein Trost: Ich scheine mich weniger verändert zu haben, denn er hat mich ja erkannt.

Es ist sehr fatal, aber ich kann mir weder Namen noch Gesichter merken. Meine Familie ist froh, dass ich sie jeden Tag wieder erkenne.

Ich habe alles probiert. Zu Hause die Namen am Sitzplan auswendig lernen, Gesichter und Namen zuordnen. Mit großer Mühe schaffe ich die Vornamen aller Kinder zu kennen, die ich gerade unterrichte. Aber dafür brauche ich das ganze Schuljahr (ausgeschlossen meine eigene Klasse, diese Aussage bezieht sich auf den Fachunterricht). Ich sorge durch mein schlechtes Namensgedächtnis ganz ungewollt zu einer ständigen, fröhlichen Unterrichtsatmosphäre. Paul ist nämlich Robert und Julia ist in Wirklichkeit Constanze. Das setzt sich dann im Alltag fort. Ich habe schon falsche Zuarbeiten zu Beurteilungen gemacht, Kinder fehlend in das Klassenbuch eingetragen, obwohl sie da waren usw..

Aussichtslos ist es dann bei den „Ehemaligen". Ich frage daher immer ganz vorsichtig nach, wer der Klassenlehrer, oder wer noch in der Klasse war. Meistens ohne Erfolg. Gucken Sie mal intelligent und führen Sie ein halbwegs ordentliches Gespräch, wenn Sie nicht wissen, mit wem Sie sprechen. Ein Alptraum. Abgesehen davon, dass es überhaupt nicht peinlich ist, wenn quer durch das Kaufhaus jemand schreit: „ Ach Frau Loebe! Sie sind doch meine alte Deutschlehrerin!". Alle gucken verständnislos. Ich auch!

Bei Gesprächen von Kollegen, in denen es um Geschichten von früher geht, nehme ich generell passiv teil. Ich weiß nicht von wem gesprochen wird. Man versucht mir dann mit Händen und Füßen zu beschreiben, wer der Schüler ist,

um den es gerade geht. „Den musst du doch noch kennen. Der saß gleich neben Doreen." Aber wer ist Doreen?
An dieser Stelle bin ich ganz schön blond!

Wir haben jetzt auch schon die Kinder von unseren ehemaligen Schülern in unserer Schule.
In diesem Zusammenhang möchte ich nicht über die Ergebnisse der Pisastudie schreiben.
Man macht sich schon seine Gedanken, ob man versagt hat. Denn die Kinder in der Schule von heute, sind der Nachwuchs unserer Ehemaligen. Sie sind durch unsere Hände gegangen. Haben wir ihnen genügend Fähigkeiten, Werte und Wissen mitgegeben? Können sie Vorbild für ihre Kinder sein?
Was ist in den vergangenen Jahren schief gelaufen?

Wo liegen die Ansprüche an sich selber? Was fordere ich von mir? Was erwarte ich von anderen?
So viele Fragen. Keine Antworten.

Sechster Ferientag

Grundschüler nehmt euch in Acht – jetzt wechsle ich
das Fach (auch Schule)

Was passierte nach der Wiedervereinigung in der
Bildung. Ganz einfach: Alle Schulen schließen.
Einteilung in neue Schultypen, großen Topf auf –
alle Lehrer rein, über Berlin (meist Ostteil) ausgeschüttet
und schon hatte jeder eine neue Arbeitsstelle. Kollege A
fand sich an einem Gymnasium wieder, meine Freundin in
einer Realschule, mein Mann an einer Gesamtschule.

Ich wurde an eine Grundschule versetzt und zwar an die
Schule, die früher eine Allgemeinbildende Oberschule und
meine Probebühne war. Mein „großes Schulpraktikum" am
Ende des vierten Studienjahres absolvierte ich an genau
dieser Schule. Glaubt man an Schicksal? Jeder kehrt im
Leben wohl mal an den Ort seiner Schandtaten zurück. Zum
Glück hatten ja alle Lehrer die Schule wechseln müssen. Ich
startete einen Neuanfang.

Ich an einer Grundschule! Dabei hatte ich nur Erfahrungen mit großen Schülern. Krampfhaft suchte ich nach Vorteilen: es rauchte keiner mehr im Unterricht (an der GS eh unwahrscheinlich), alle Kleinen sind lieb und ... mehr fiel mir nicht ein. Endlich sind die eigenen Kinder aus dem Gröbsten raus (unsere Tochter kam gerade noch in den Genuss der Jungpionieraufnahme, unser Sohn war immer neidisch drauf) und dann das. Wenigstens hatte man ein Einsehen und ließ mich noch nicht auf die 1. Klasse los. Diese Katastrophe verschob sich um wenige Jahre.

Also was soll es! Ran an die Arbeit.

Ich konnte wunderbare neue Erfahrungen im Fach Sachkunde erwerben und bewegte mich dank Schwimmbegleitung und Schulgartenunterricht viel mehr an frischer Luft. Wobei der absolute Wochenhöhepunkt der Schulgartenunterricht war. Ich bin ein botanischer Blindgänger. Ich kann keine Nutzpflanze von Unkraut unterscheiden. Vor jeder praktischen Stunde hatte ich Panik und hoffte auf Dauerregen, dann durften wir nicht in den Garten gehen.

Das war nicht wirklich das, was ich mir in meinem beruflichen Werdegang so vorstellte. Mein inneres Gleichgewicht bewegte sich mal wieder zu dem Tiefstpunkt, den ich aus Marzahn kannte.

Das Leben ist hart, aber es schult. Langsam entdeckte ich die angenehmen und auch spaßigen Seiten als Grundschullehrer. Kinder in diesem Alter sind erbarmungslos ehrlich und entwappnend. Ich liebe sie dafür.

Im tiefsten Vertrauen fragte mich eine meiner Schülerin, ob denn mein Mann Friseur ist. Ich war über diese Frage überrascht und wunderte mich. Über einen längeren Zeitraum habe ich verschiedene Haarvarianten probiert (bei langem Haar kein Problem), was fehlinterpretiert wurde. Das war ja eine angenehme Variante. Aus der ersten Klasse wurde ich aber auch schon gefragt, warum ich im Unterricht ein Nachthemd tragen würde. Entsprechende Bluse wurde von mir in die hinterste Ecke meines Schrankes verbannt. Ganz schlimm war die Frage, ob ich ein Baby erwarte. Mein ohnehin nicht schlanker Körper hatte nach Weihnachten wirklich Dimensionen einer beginnenden Schwangerschaft angenommen. Ich speckte acht Kilo ab und danke dem kleinen Grundschüler, denn ohne ihn sähe ich jetzt wahrscheinlich wie kurz vor der Entbindung aus.

Nach dem Umzug in einen neuen Fachraum formulierte ich (im Hintergedanken an die viele Zeit, die ich nun im neuen Raum verbringen werde): „Hier wohne ich nun!"

Die Kleinen gucken begeistert in die Runde und finden es gemütlich bei mir. Dann werde ich gefragt: „Du hast ja gar kein Bett hier. Wo schläfst du denn?"

Ein Beweis dafür, dass jedes Wort für bare Münze genommen wird und man acht geben sollte, was man so daher redet.

Misserfolge sind auch dann vorgebucht, wenn es um die Geburtsdaten der Schüler geht.

Dass ein Schüler in der ersten Klasse vielleicht noch Probleme mit dem Geburtsjahr hat, verstehe ich. Aber dass noch Kinder aus der zweiten und dritten Klase auf die Frage nach dem Geburtsdatum „Herbst" sagen, finde ich erschreckend. Ich spreche von keinem Einzelfall.

Das Schlimmste diesbezüglich ist mir aber in meiner eigenen 5. Klasse passiert.

Ich bin bei diesem Lieblingsthema und ein nicht ganz heller Schüler kann mir zwar Tag und Monat seiner Geburt angeben, aber nicht sofort das Jahr. Ich frage nach und bekomme zur Antwort:

„Ich glaube, ich bin 1847 geboren." Die Klasse lachte schallend los, aber ich wusste nicht, ob ich lachen oder weinen sollte.

Na ja. Jeder weiß heutzutage, dass ein Mensch sich nur 20 Prozent des Gehörten am Tag merken kann. Da kommt so etwas schon mal vor.

Um eventuelle weitere Missgeschicken vorzugreifen, sollte man nur noch nach den gemerkten Prozenten fragen oder logischer Weise fünfmal mehr am Tagen lehren. Dann kommt man auf gute 100%. Na also!

Obwohl es für mich als gelegentlicher Erdkunde-, Biologie-, Kunst-, Geschichtslehrer, je nachdem was gebraucht wurde, nie langweilig wurde, blieben sensationelle Ereignisse im Unterricht eher aus.

Interessanter sind außerunterrichtliche Veranstaltungen. Jährlich wurde bei uns zum Kindertag ein großes Hoffest gefeiert. Viele ehemalige Schüler, Eltern, Großeltern und Lehrer kamen. Meine Klasse war in einem Jahr für den Getränkestand verantwortlich. Kein Problem. Stand aufgebaut, Brause gekauft. Nach zirka einer Stunde wurde ich durch Eltern darauf hingewiesen, dass an unserem Stand Alkohol ausgegeben wird. Hielt ich aber für ein Gerücht. War es aber nicht. In geballter Front erschien genau in diesem Moment die Mutter meines kleinen Chaoten. Er hatte zu Hause die Hausbar leergeräumt und gegen entsprechendes Entgelt seine „Bückware" an Schüler verkauft. Es war ein fröhliches Hoffest.
Zumindest konnte man das von den torkelnden Gästen sagen.

Natürlich gibt es an einer Schule auch regelmäßig Wandertage. Ordnungsgemäße Belehrungen sollen Schüler aber auch Lehrer vor Verfehlungen schützen. Grundschüler sind dankbar für Belehrungen, aber nur, weil sie dann wissen, was sie falsch machen können. Verbotenes hatte schon immer eine besondere Anziehungskraft.

An einem Herbsttag ging es in den Wald. Ideal. Kostet kein Geld und ein Paradies für Kinder. In der Belehrung wurde auf Tollwut, Fundmunition (ehemaliges Militärgebiet) und auf die Gefahr beim Verzehr von Pilzen und Beeren verwiesen. Nach 15 Minuten am Zielort präsentierte man mir eine zugelaufene Katze, berichtete von gefundenen Pausensnacks in Form von Brombeeren und die Krönung: Man hat verdächtig aussehende rostige Metallstücken gefunden. „Um Gottes Willen nicht anfassen", entfuhr es mir. „Regen Sie sich nicht auf. Wir haben schon alles Mögliche probiert. Das ist keine Fundmunition."

In solchen Momenten wird mir bewusst, dass wir Lehrer immer mit einem Bein im Knast stecken.

Nicht auszudenken, was alles passieren kann. Extreme Gefahren drohen vor allem bei nächtlichen, aber auch täglichen Ereignissen auf Klassenfahrten.

Wir entschlossen uns, so kurz nach der Wende, den Kindern glückliche Kühe zeigen zu wollen und fuhren in ein fernes Land.

Gerade in Bayern angekommen, beziehen wir in einer Herberge Quartier. Nein eigentlich nicht. Es folgten nämlich längere Einweisungen in das uns bis dahin nicht bekannte Mülltrennsystem der Bayern. Wir dummen Ossi waren doch alle Ökosäue, oder waren Sie kein stinkender Trabifahrer?

Keiner von uns ahnte bis dahin, dass man so viele Arten Müll auseinander halten kann. Im Hausflur befand sich eine Galerie von Behältern, die ihre gähnenden Mäuler je nach Farbe nach Zeitungspapier, Knüllpapier, braune, gelbe, weiße Glasflaschen, farbige Plastereste, durchsichtige Plaste, und und und aufrissen. Das Entsorgen einer Seltersflasche und Eisverpackung konnte so glatt zum Event werden.

Irgendwann bezogen die Schüler der 5. Klasse die Zimmer der oberen Etage. Nach nervender Busfahrt, militärischer

Einweisung (warum wird den DDR-Pädagogen eine administrative Art vorgeworfen) und nach belastender Zimmeraufteilung fielen alle Begleitpersonen zu einer Kaffeepause an einem Tisch vor dem Haus nieder. Wir saßen etwa fünf Minuten, als der Heimleiter, eine richtiges bayrisches Urschwein, mit süffisanten Lächeln auf dem Gesicht erschien und so ganz nebenbei erwähnte, dass unsere Schüler gerade aus den Dachlukenfenster gestiegen sind und auf dem Dach marschieren. Ich ließ gleich die Kaffeetasse fallen und stand unter Schock. Wir sammelten alle Kinder unversehrt ein. Es war trotzdem noch eine schöne Fahrt.

Auf der Rückreise hielten wir für eine Pullerpause an einer Tankstelle. Essen, Trinken etc. fassen und dann ging es weiter. Keine 10 Minuten später kam hinter uns ein klägliches: „Ich muss mal!" Ich reagierte nicht ganz pädagogisch, weil nach einer Woche Klassenfahrt mit entsprechendem Schlafmanko mir der Sinn nicht nach Späßchen stand. Klare Order: Halte durch! Kurze Zeit später: „Jetzt kann ich es nicht mehr halten." Eine klare Aussage, die durch die aus den Höhlen tretenden Augen bestätigt wurde. Wir befanden uns auf der Autobahn kurz vor Berlin im Baustellenbereich, einspurig. Keine Chance zu halten. Aber die Lage ist ja erst dann beschissen, wenn wir uns nicht zu helfen wissen. Eine leere 1,5 l Colafalsche wurde dem unvermeintlichen Pullerer gereicht. Im Bus tobte das Leben. Einem war es ganz egal...

Auf einer anderen Klassenfahrt im heimischen Brandenburg planten wir am letzten Abend die obligatorische Nachtwanderung. Mein Kompagnon auf dieser Fahrt war die Religionslehrerin (früher bei der GST tätig ...), ein dufter Kumpeltyp. Der Abend begann mit dem Grillen auf dem Lagerfeuerplatz. Es dämmerte schon und plötzlich lief dicht an uns ein Fuchs vorüber. Für die Stadtkids ein tolles

Erlebnis. Nun ging es los. Die vorher versteckte Flaschenpost wurde ganz zufällig gefunden und der darin befindliche Auftrag im dunklen Wald ausgeführt. Nach etwa zwei Stunden Marsch waren wir wieder glücklich im Lager angekommen. Ein Schüler brachte seine freudigen Gedanken so zum Ausdruck: „Das war toll! Ich weiß aber, wer die Geister im Wald waren, nämlich ein paar Kinder von uns, die sich verkleidet hatten. Aber wer der Fuchs war, das weiß ich nicht ...". Lautes Lachen! Sorgen machte ich mir zu diesem Zeitpunkt aber um meine Begleiterin. Diese hatte einen Lachkrampf bekommen, der gar nicht wieder aufhören wollte. Sie hing rücklings im Zaun und versuchte wenigstens gelegentlich nach Luft zu schnappen.

Auch Exkursionen geben gute Gelegenheiten sein Kreislaufsystem zu testen. Ziel eines Ausfluges: Ägyptisches Museum. Zuvor natürlich die notwendige Belehrung, das Kulturgüter unersetzbar sind. Die Truppe war super lieb und der Besuch machte ihnen viel Spaß. Voller Eifer rennt St... zum nächsten Ausstellungsstück, direkt über die Kante eines Podestes mit alten Exponaten. Der Schüler kommt ins Straucheln, balanciert und nimmt direkten Kurs auf eine 3000 Jahre alte Stele. Diese kam bedenklich ins Straucheln. Mir blieb das Herz stehen. Schüler, Stele und ich wurden gerettet. Oh man, dass war knapp. Ich sah mich schon auf einer Hallig in der Nordsee. Der Inbegriff der Strafversetzung.

Zurück zum eigentlichen Alltag, dem Unterricht.
Irgendwann passierte dann das Unvermeintliche. Ich bekam als Fachlehrer auch eine erste Klasse. Schon in der ersten Stunde merkte ich an meinen Formulierungen, dass man mit diesen kleinen Monstern anders sprechen muss, als mit Schülern der 5. und 6. Klassen, die ich hauptsächlich bisher unterrichtete.

Zum Kennen lernen wollte ich mit den ABC-Schützen einen Sitzkreis bilden. Klare Anweisung von mir: Jeder nimmt seinen Stuhl und dann setzen wir uns zu einem Kreis.

Irgendetwas war aber dumm gelaufen. Es entstand eine so genannte unkontrollierte Aktivität. Ein Knäuel von Stühlen, Kindern und ängstlichen Schreien rollte auf mich zu. Erste Verletzte lagen auf der Erde, andere stiegen darüber. Nach etwa 30 Minuten hatte ich das Chaos wieder im Griff, aber ohne Sitzkreis. Zerknirscht betrat ich das Lehrerzimmer. Nach meinem Kriegsbericht bekam ich eine Reihe guter Ratschläge und ich traute mich in der nächsten Stunde zu einer Wiederholung der Aktion unter Berücksichtigung aller Hinweise. Es klappte und ich genieße zunehmend die liebenswürdigen kleinen Racker. Auf jede Stunde freue ich mich. Es ist auch immer etwas los.

Auch von den Kleinen kann man lernen. Ein Schüler in der Ecke hinten links beschwert sich bei ruhiger Arbeitsatmosphäre über einen Schüler vorne rechts:

„Frau ... der hat zu mir DOOFDADDEL gesagt!" Nachdem ich sekundenlang mein Lachen unterdrückt hatte, war ich in der Lage die Situation pädagogisch zu entschärfen. Seitdem gehört dieses neue Wort unbedingt zu meinem Wortschatz.

Neulich schaute morgens mein Mann kurz rein, da ich etwas vergessen hatte. Auch er unerfahren, begrüßt die Kinder im lang gedehnten Kleinkindjargon: „G u t e n M o r g e n!". Meine freundlichen Zuckertütenträger drehten kurz den Kopf Richtung Tür, guckten verständnislos auf den merkwürdig sprechenden Mann und arbeiteten weiter.

Später habe ich ihn darüber aufgeklärt, was dumm gelaufen war. Auch die Erstklässler haben das Recht auf menschenwürdige Behandlung. Sind ja schließlich keine Babys mehr. Ich dankte meinem Mann, denn ich hatte meinen Schlüssel vergessen.

Die leidige Sache mit dem Schlüssel. Ein typisches Lehrerproblem. Um recht schnell Zugang zu allen Räumlichkeiten im Schulhaus zu haben, trägt jeder Lehrer ein besonders wichtiges Schlüsselbund mit vielerlei Schließwerkzeug daran mit sich herum: Sicherheitsschlüssel, Allesschließer, spezieller Fensterschließer etc. Ohne dieses Schlüsselbund ist man nur ein halber Mensch und die kleine Lehrerwelt bricht zusammen. Auch sind Schlüssel knapp. Man kann nicht einfach einen neuen bekommen. Kein Geld, kein Schlüssel. Jegliche Verhandlungen mit den ohnehin immer gestressten Hausmeistern sind von vornherein fruchtlos. Sollte man wirklich mal zu Hause sein Bund vergessen haben, dann muss man gleich morgens auf den Knien rutschend um Vergebung bitten und wird dann begnadigt, um ein Ersatzbund, natürlich ausnahmsweise, zu erhalten.

Diesen Absatz möchte ich allen denen widmen, die auch unter beginnendem Alzheimer leiden. Sollte man bei der Sendung „Welches Schwein wollen sie?" eine typische Bewegung machen, dann musste man grübelnd in die Luft starren und dann verzweifelt mit den Armen rudern. Kein normaler Mensch sucht ständig sein Schlüsselbund (ein Beweis, dass Lehrer nicht normal sind). Meine Lösungsvarianten halfen bisher alle nicht. Freunde schenkten mir einen Pieper. Pfeift man, piep es. Aber eben auch, wenn man spricht. Also hatte ich ein ständiges Piepen während des Unterrichtes in meiner Tasche. Lange Zeit befestigte ich an meinem Schlüsselbund einen Anhänger mit Bild von mir dran. Wer den Schlüssel fand, brachte ihn mir zurück. Klappt mit Bild auch bei den Analphabeten aus den kleinen Klassen. Meistens sind es aber die Kollegen, die mal schnell nach dem Etwas auf dem Tisch greifen und dann einen fremden Schlüssel mit in die nächste Stunde nehmen. Zurzeit ist es modern und auch praktisch ein breites Band um den Hals zu tragen. Daran das Schlüsselbund. Erinnern

Sie sich noch an Ihre Kinder, als sie in die Schule kamen? Gleiches Bild!

Eine Endlösung gibt es wohl dafür nicht.

Man sucht ja nicht nur den wichtigen Schlüssel. Auch das Auto kann überall stehen. Nach fluchtartigem Verlassen der Schule steht man ratlos vor der Tür. Parkte man links, oder rechts neben der Schule, oder vor der Kaufhalle? Ach, heute bin ich ja mit dem Fahrrad gekommen. Also wieder kehrt zum Fahrradständer.

Da muss ich doch an meinem liebenswerten Kollegen denken, der nun schon in Rente ist. Der versuchte das Lehrerzimmer nach der Hofpause durch Aufschließen von Innen zu verlassen, klopfte aber vorher brav an. Die Nerven!

Siebenter Ferientag

Über den schwierigen Umgang zwischen Eltern und Lehrern (die eigentlich das Gleiche wollen)

Heute sah ich mir den Film „Bibi Blocksberg" an. Endlich wurden die Hörspielkassetten, die so viel Wahrheit auch über die Erwachsenen beinhalten, verfilmt. Wie so oft kommt auch mein Berufstand leider schlecht weg. Mal wird dem Lehrer ein Rüssel gezaubert, so dass er dem Auslachen preisgegeben wird. Diesmal im Film wird die Lehrerin durch eine unvorteilhafte Frisur verunstaltet. Immer auf die Lehrer. Nun kann man das ganz locker sehen, aber ich glaube da steckt mehr dahinter. Die allgemeine öffentliche Meinung über die Lehrer ist schlecht. Wie jedes globale Urteil ist diese natürlich auch nicht realistisch.

Die meisten meiner „Artgenossen" sind sehr engagierte und kluge Menschen. Aber auch unter uns gibt es schwarze Schafe, über die leider mehr berichtet und erzählt wird. Gemach dem Motto: Wenn alles schläft und einer spricht, dann nennt man es bei uns Unterricht! Sicher gibt es das.

Auch die Kollegen mit dem „Schwellenunterricht" machen den Ruf der Lehrer nicht besser (Schwellenunterricht = Unterricht, in dem sich der Lehrer beim Überschreiten der TürSCHWELLE überlegt, was er heute mit den Schülern anstellt). Die ganz Schlimmen sind die ewig Kranken. Gerade vor einem Tag verbeamtet und nun beginnt ein langer Leidensweg nicht nur für die anderen Kollegen, die die Arbeit mit machen, auch für die Schüler, die monatelange Vertretungen ertragen müssen. Die Presse hat ja ausreichend in den letzten Jahren darüber berichtet, wie schön das Leben sein kann, wenn man bei fast vollen Bezügen lange dem Schulleben fern bleiben kann. Kurz vor den Ferien lohnt sich immer ein Blick in den Vertretungsplan. Da fehlen immer die gleichen Kollegen. Das ist epochal, jedes Jahr wiederkehrend.

Wo bleibt hier das Leistungsprinzip?

Wenn ich übermorgen wieder nach den Ferien in die Schule gehe, dann erwarten mich viele fleißige und gut vorbereitete Kollegen. Selbst die Kinder freuen sich wieder aufs Arbeiten, meist hält dieser Zustand leider nur kurze Zeit an. Darüber könnte man nun philosophieren. Warum vergeht die Freude auf die Schule so schnell? Die Erstklässler kommen voller Tatendrang und Erwartung an. Eine Ausnahme habe ich allerdings erlebt.

Man kann die Schulanfänger mit Wein vergleichen. Es gibt gute und schlechte Jahrgänge. Tatsache! Vor kurzem hatten wir einen schlechten „Jahrgang". Unlust an den ersten Tagen. Im Musikunterricht erklärte man der Lehrerin kurzer Hand, dass man nicht Lust auf Singen hat. Um den Beweis anzutreten, hielt man sich die Ohren zu. Wohlgemerkt: eine erste Klasse in der ersten Schulwoche! Keine Chance! Aber mit Geduld und Spucke kann man nun auch in dieser Klasse arbeiten.

Die Freude nach der Einschulung nimmt dann ab, wenn Erwartungen, Leistungsdruck und Kontrollen eintreten.

Dann wird gemosert. Andererseits widersprechen sich die Schüler selber. Sie wollen gefordert werden, sie mögen einen gewissen Druck und sie lieben es Erfolg zu haben. Genau da ist der Hase begraben. Erfolg haben! Die Erfolge nehmen ab. Darunter leiden die Lernenden, die Eltern und auch die Wissensvermittler. Und nun beginnt das Chaos. Die Schuldfrage wird gestellt. Erst einmal alle auf die Kleinen. Dann auf den Lehrer, denn in diesem Beruf scheint jeder mitreden zu können. Habe ich schon mal der Zahnärztin gesagt, sie soll die Füllung anders machen? Oder diskutiere ich mit dem Handwerker, der meine Wohnung rekonstruiert hat, wie man die Heizungsrohre besser verlegt? Rede ich anderen in die Arbeit rein? Nein, natürlich nicht. Wir bekommen aber von allen gute Ratschläge, manchmal auch nur Schläge. Ein Beispiel:
Aufsatz! Eine Phantasiegeschichte wurde im Unterricht vorbereitet. Zu Hause schreiben die Schüler den Aufsatz. Ein Vater meinte es mit seiner Tochter besonders gut. Er nahm ihr kurzerhand die Arbeit ab und schrieb ihn selber. Es gab da nur ein Problem. Er war nicht im Unterricht. Er konnte gar nicht wissen, worum es eigentlich ging. Thema verfehlt. Der Vater bekam eine „5". Und nun ging das Ringelreihen los. Ende der Fahnenstange beim Schulrat. Bei allem Verständnis für das angeschlagene Ego des Vaters. Es war schwer zueinander zu kommen. Berichte, Aussprachen, Ärger. Diese Zeit hätte man besser verbringen können.
Es gibt aber auch sehr zuvorkommende Eltern. In unserer Schule ging auch ein Schüler, dessen Vater, ein promovierter Arzt in Pension, der sehr gesprächig war. Mit dem Tagesspiegel bewaffnet, Hut und Schirm lauerte er schon nach der fünften Stunde auf dem Schulflur, um ja viele Lehrer sprechen zu können. In den Gesprächen ging es nicht um schulische Probleme. Man kann vermuten, dass der Mann keinen Friseur hatte. Nach einer tiefen Verbeugung legte er los: „Wissen Sie Frau Loebe, Sie dürfen

wirklich nicht mehr mit diesem Auto (damals noch Trabant) fahren. Das ist lebensgefährlich. Ich haben gelesen ... „.
Das konnte dauern. Meine Kollegin hinter uns nutzen die Gelegenheit um schnell vorbei zu huschen, denn sie könnte das nächste Opfer werden. Nach einer Stunde wusste ich dann ausführlich um meine Lebensgefahr und übergab meinen Gesprächpartner (ziemlich unfair) an eine vorbeieilende Kollegin. Sorry, aber ich konnte einfach nicht mehr.

Es gibt auch viele Eltern, die sehr gern telefonieren. Bevorzugte Zeiten sind dabei Samstag in der Mittagsruhe, Sonntagabend ab 20 Uhr und natürlich wochentags in den Abendstunden, wenn man gerade von der Schule abgeschaltet hat. Aber ein Lehrer ist ja immer für alle immer da. Am Telefon werden dann so wichtige Themen besprochen wie:

- das an diesem Tag nicht schmeckende Schulessen
- die gerade verschwundene Federtasche des Kindes
- Nachfrage, ob fehlende Klarsichthülle vom Aufsatz noch auf meinem Schreibtisch liegt
- mögliche Ausflugziele beim nächsten Wandertag
- Entschuldigungen, warum man den Termin für die Aufsatzabgabe nicht einhalten kann

und schlimmere Themen.

Irgendwann hat es mir dann gereicht. Meine Telefonnummer gebe ich seit Jahren nicht mehr raus und der enge Kontakt zu den Eltern ist erhalten geblieben.

In Gesprächen mit den Eltern kommt immer wieder zum Ausdruck, dass man zu Hause oft hilflos dem Kinde gegenübersteht. „Was sollen wir denn machen?" Was soll denn der Lehrer machen, der noch viele andere „Problemfälle" in der Klasse hat? Der muss auch klarkommen.

Dafür bekommt man in der Ausbildung leider keine Ratschläge. Die bitteren Erfahrungen muss man alle selber machen. Aber aus Fehlern lernt man und so hat ein langjähriger Päääädagoge einen großen Vorteil: Er weiß, wie man vieles richtig macht. Er hat auch gelernt. Vielleicht leidet unser Beruf an der Vorstellung, dass ein Lehrer immer ein VORBILD sein soll. So ein Quatsch. Ein Lehrer ist ein Mensch! Vergesst das nicht!

Es gibt mehr Gemeinsamkeiten zwischen Lehrern und Schülern, als Außenstehende ahnen.

Natürlich fallen hier die verschiedenen Schultypen ins Gewicht.

An der Grundschule sind meist Lehrerinnen. Männliche Artgenossen gibt es da kaum. Muss am Maß der zu redenden Worten liegen. Im genialen Bühnenstück "Caveman" bringt man es auf den Punkt. Frauen reden am Tag 7000 Wörter, Männer nur 2000. Daher kann ein Mann theoretisch gar kein Grundschullehrer werden. Grundschullehrerinnen reden sehr, sehr viel. Sie sind überhaupt die Fleißigsten und das nicht nur im Reden. Sie gönnen sich keine freie Minute, denken immer an ihre Schützlinge, kaufen viel aus ihrer eigenen Tasche, nur damit es den Kindern Spaß macht. Organisieren immerzu etwas. Denken an alles. Wirklich an so ziemlich alles.

Einen kurzen Einblick gibt folgender Bericht, den ich vor vielen Jahren für die Eltern schrieb:

Ein ganz normaler Schultag aus der Sicht einer Lehrerin

Pünktlich 30 Minuten vor Arbeitsbeginn betrete ich voller Schwung und Elan das Schulgebäude. Habe mir in der Vorbereitung des heutigen Tages viel Mühe gegeben und hoffe, dass die Stunden den Schülern Spaß machen werden. Gerade als ich das Haus betrat, höre ich aus dem Sekretariat: „Frau Loebe!!!!!!" Das lässt nichts Gutes ahnen.

„In Ihrer Klasse haben erst ganz wenige Schüler Essengeld bezahlt. Mahnen Sie, damit noch Zeit für die Nachzahlung bleibt. Übrigens war die Schülerin ... wegen der Unfallmeldung noch nicht bei mir." Ich speichere also für mich ab: Essengeld, Unfallmeldung. Nun der obligatorische Gang in das Lehrerzimmer. Hier lauert schon eine Kollegin auf mich, die mir ihr Leid über die gestrige Stunde klagt – fünf Minuten lang. Ich verspreche ihr, mir die Ruhestörer vorzunehmen. In meinem Fach liegt eine Mitteilung, dass die Einladungen für die Elternsprecherversammlung ausgegeben werden müssen. Kurzer Blick ins Vertretungsbuch. Mich trifft eine Vertretungsstunde in der zweiten Klasse, die ich nicht kenne. Sport! Wird schon in den Griff zu bekommen sein. Ist ja erst morgen. Ich werde mir zu Hause darüber Gedanken machen. Meine Klasse hat in der 5. Stunde Vertretung und morgen eine Stunde später – muss ich ansagen. Ich merke mir also: Essengeld, Unfallmeldung, Elternbrief, Ermahnung, Vertretungsstunde, Ausfall. Oh Gott, hoffentlich vergesse ich nichts. Als ich an der Treppe bin, merke ich, dass ich schon etwas vergessen habe. Das Klassenbuch. Deshalb war ich eigentlich im Lehrerzimmer. Also wieder zurück. Gerade als in zum zweiten Mal an der Treppe bin, treffe ich Kollegin Müller. Sie erzählt mir voller Entsetzen von der Hofpause und meiner Klasse. Was da wieder vorgefallen ist... Geduldig höre ich mir alles an. Diese Klasse 6c.

Noch habe ich das obere Lehrerzimmer nicht erreicht, höre ich wieder ein: „Frau Loebe!" Mich durchzuckte es gleich. Das war die Stimme vom Chef. Er kommt auf mich zu und zückt ein Taschenmesser. „Das gehört Ihrem Schüler Paul". Ich verspreche mich darum zu kümmern und die Eltern zu informieren.

Endlich bin ich da, wo ich schon die ganze Zeit hin möchte – an meinem Schrank. Ich versorge mich mit dem Material, dass ich für meine sechs Unterrichtsstunden brauche. Da klingelt es schon. Sehnsüchtig werfe ich einen Blick auf den gerade durchgelaufenen Kaffee.

„Scheiße!", denke ich ganz unpädagogisch und suche mein Schlüsselbund, dass unter einem Stapel Arbeiten liegt. Auf dem Weg in den Klassenraum bete ich vor mich hin: Essengeld, Unfallmeldung, Ermahnung ... was war das andere? Vergessen. Ohne Zettel geht nichts. Nachdem ich den Klassenraum aufgeschlossen habe, bestürmen mich die Schüler mit ihren Anliegen: „Ich möchte umgesetzt werden.", „Ich habe mein Buch vergessen." Da fällt mir siedend heiß ein, dass wir die Duden brauchen. Schnell beauftrage ich zwei Schüler. Mit Blick auf die Tafel stelle ich fest, dass der Ordnungsdienst trieft. Nach einem entsprechenden Hinweis darauf, entbrannt ein Streit, wer mit dem Dienst dran ist. Also schlichtend eingreifen. Fünf Schüler stehen noch immer ungeduldig am Lehrertisch und wollen erhört werden. „Mutti will wissen, wann Wandertag ist.", „Ich habe mir die Hausaufgaben zu morgen eingetragen." Und, und, und. Mir klirrt es im Kopf. Da klingelt es schon. Unruhe! Endlich sitzt jeder an seinem Platz, es ist ruhig und ich kann beginnen. Da geht die Tür auf und Anton kommt mal wieder zu spät. Es folgt eine dumme Entschuldigung und alle lachen. Ich versuche nun unter Aufwartung aller Kräfte Ordnung in die Situation zu bringen. Als erstes werde ich die meisten Aufträge los, bis auf die, die ich schon auf der Treppe nicht mehr wusste. Nach zehn Minuten kann der Unterricht beginnen. Leistungskontrolle! Es trifft Paul wie ein Hammer. „Ich? Von Wortarten habe ich noch nichts gehört." Auch Hilfestellungen bringen uns nicht weiter. Die erteilte „6" macht mich traurig. Beim nächsten Schüler klappt es besser. Das beruhigt mich. Weiter geht es mit den Hausaufgaben. Die Schüler, die sie aus den unterschiedlichsten Gründen nicht hatten, legen ihre Hausaufgabenhefte vor. In der Stunde gibt es einen regen Erfahrungsaustausch und

Wissenszuwachs. Ich freue mich. Wie im Fluge ist die Stunde um. In der Pause Radau und Hektik. Die Bücher wieder einsammeln, Einträge in die Hausaufgabenhefte (dabei bin ich echt gehemmt, natürlich wird nur in neuer Rechtschreibung geschrieben, hoffentlich wissen das die Eltern, manche glauben glatt, ich kann nicht richtig rechtschreiben). Noch schnell in das Klassenbuch eingetragen, Anwesenheit machen und da klingelt es schon. Weiter geht es. Endlich Hofpause – Aufsicht. Wieder nichts mit einem Kaffee. Das gibt einer weiteren Kollegin die einmalige Gelegenheit mir in den Ohren zu liegen. Wie Hühnergegacker schallt es in meinem Ohr:" Jens hat schon wieder keine Hausaufgaben. Eine Frechheit. Man müsste die Eltern in die Schule bestellen. ..." An dieser Stelle klinke ich mich gedanklich aus. Es folgt ein entspannendes Gespräch mit einem Mädchen aus meiner Klasse, die sich über die „Herren der Schöpfung" beschwert. Wir lachen. Schon klingelt es wieder. Es folgten weitere Stunden.

Hofpause. Ich schnappe mir meine Essenkinder und gehe mit ihnen in die Mensa. Essen austeilen. Eine Besonderheit unserer Schule. 16 mal Kartoffeln, 16 mal Soße, 16 mal Fleisch, 16 mal Gemüse, immer unter Berücksichtigung, ob viel oder wenig oder gar nichts gewünscht wird. Erschöpft sinke ich auf meinen Stuhl. Diskussion mit Susi, weil sie nicht aufessen möchte, dagegen muss der mollige Patrik beim dritten Nachschlag gebremste werden. Nun die übliche Diskussion über das Tischabwischen. Der Letzte soll es machen. Alle beeilen sich, um nicht dieser zu sein. Ein kleiner Trick. So komme ich zum lang ersehnten Kaffee.

5. und 6. Stunde. Erfolge und Niederlagen lösen sich ab.

Geschafft. Ich will nach Hause. Heute keine Versammlung. Vor der Schule treffe ich noch ein paar Schüler. Wir gehen gemeinsam ein Stück und verabschieden uns: „Bis morgen!" Zu Hause angekommen, durchdenke ich den Tag und komme zur Feststellung, dass es noch viel zu tun gibt. Ach

ja, die Aufsätze. Ran an den Schreibtisch. Macht nichts. Das
Lesen der erfundenen Sagen macht viel Spaß.
Und morgen wieder ein neuer Tag.
Pünktlich 30 Minuten vor Unterrichtsbeginn betrete ich das
Schulhaus ....

Das ist Alltag. Nicht immer leicht.
Ein Grundschullehrer lässt sich aber nicht unterkriegen. Er
liebt seine ihm anvertrauten Zöglinge und steckt alles
Persönliche zurück, um erfolgreich mit ihnen zu sein. Er
würde auch sein letztes Hemd für seine Schüler hergeben.
Grundschullehrer sind wirkliche Vorbilder. Sie sind immer
fleißig, sehr gewissenhaft und denken an alles. Wirklich an
alles. Na gut. Fast an alles. Hat man etwas Vergessen oder
falsch gemacht, merken es die Kleinen ja noch nicht. Zurück
zum Alltag. Für jemanden, der das nicht miterlebt, muss das
unvorstellbar sein. Der Unterricht wird glatt zur
Nebensache. Essengeldkassierung, Milchgeld, Wandertag
planen, Zahnarztkontrolle, Fahrradprüfung, Belehrungen,
Einladungen, Tafeldienste etc. einteilen, Entschuldigungen
überprüfen, Anrufe erledigen, Schülerakten führen,
Protokolle schreiben, Absprache mit dem Elternvertreter
führen, Aufgaben für kranke Schüler mitschicken, Lob
eintragen, Klassenbuch führen usw. sind nur einige
Nebenbeschäftigungen. Da kann es schon mal passieren,
dass „ganz plötzlich" die Zeugnisse fällig werden. Diese
sich wiederholenden Schulhöhepunkte kommen immer
überraschend. Also wieder Hektik und arbeiten bis zur
Erschöpfung. Ich glaube die Kinder lieben uns dafür. Sie
genießen es umsorgt zu werden.

Am schwersten ist es für mich den Real- oder
Gesamtschullehrer zu beschreiben. Ich kenne einige, aber
was ist typisch für sie? Hier finden wir auch einige

männliche Exemplare. Oder wird in diesem Schultyp weniger gesprochen? Die Erscheinung eines solchen Lehrers ist ungerechter Weise grau. Schließlich unterrichten sie auch die „grauen Schüler", bei denen es zum Gymnasium nicht gereicht hat und die nun die breite Masse ausmachen. Nicht beneidenswert. Viele Clerasiltester bevölkern diese Einrichtungen. 1000 Schüler sind keine Seltenheit. Massenbetrieb. Kann da die individuell gearbeitet werden? Liebe Gesamt- und Realschullehrer ich glaube an euch. Auch aus einem grauen Nichts kann etwas werden.

Beim Gymnasiallehrer ist es wieder einfacher. Abgesehen von der Nachwendezeit, das war die Sache mit dem großen Topf und der Zufallsverteilung von Lehrkräften, hat sich hier ein Klientel von besonderen intellektuellen (oder welchen, die nur so tun) gebildet. Man hebt sich von anderen Lehrern ab. Der Gymnasiallehrer ist wer, denn schließlich wird unter ihren Händen die Elite der Zukunft geformt. Fast wie früher. Wenn an unserer Penne die drei Physiklehrer (keine Lehrerinnen) den langen Gang entlang schritten, machten alle automatisch Platz und starrten ehrfürchtig auf diese geballte Intelligenzladung. Nur die Besten!

Lehrer und Schüler an Gymnasien haben sich auffällig durch ihr Äußeres angenähert. Sie zeigen ihre besondere Individualität und unterscheiden sich nur durch den Schlüssel (diesen dummen Spruch kannte ich nur in Bezug auf den Psychologen). Auf Personalversammlungen etc. hebt man sich von den sonst so volksnahen Diskussionen durch intellektuelle, weitschweifige und philosophischen Betrachtungen ab. Das kann dauern...

Keiner will aber untereinander den Schultyp tauschen. Gemäß der Feststellung: „Meckere nicht, denn es kann noch schlimmer kommen!" bleibt man wo man ist.

Nach diesem Kapitel habe ich mich sicher bei irgendwelchen Kollegen unbeliebt gemacht. Man verzeihe mir.

Lehrer unter sich sind ein Kapitel für sich. Es gibt die absoluten Individualisten, die alles für sich machen und keinen Kontakt suchen. Jeder für sich, Gott für uns alle.

Zum Glück gibt es auch die Teamworker. Auf die ist Verlass und mit ihnen kann man lachen, streiten und diskutieren. Man hilft sich untereinander und keiner belauert den anderen. Das Arbeiten mit diesem Kollegium macht Spaß. Ich weiß nicht, wem ich danken soll, dass ich solche Kollegen um mich habe...Da wir eigentlich Einzelkämpfer sind, ist der Kontakt untereinander besonders wichtig. Dafür sind die Pausen, die immer zu kurz sind, da.

Ein Lehrerzimmer, es muss aber ein Raucherlehrerzimmer sein, denn nur da ist es wirklich voll, gleicht einem Bienenschwarm. Nicht gerade der ideale Erholungsort: Ständiges Rein- und Rausgehen, Aufspringen der Kolleginnen, denen gerade eingefallen ist, dass sie Aufsicht haben, viele stattfindende Gespräche – alle durcheinander. Würde man bei den Gesprächen Wortfäden spannen, ergäbe es ein Spinnennetz. Dazwischen die Aufschreie, wenn man den Schlüssel vermisst, der Kaffe verteilt wird und sich mal jemand von der Schulleitung zu uns verirrt. Meistens um Arbeit zu verteilen. Aber irgendwann kommt das nächste Klingeln, dass die Pause beendet. Alle springen auf und stürzen sich ins nächste Abenteuer.

Eine vergleichsweise ruhigere Variante zur Kommunikation bieten Gespräche unter Lehrerinnen bei diversen Anlässen. Sitzt man gemütlich beisammen und trinkt ein Gläschen Wein, dann drehen sich die Gespräche immer wieder um die Schule. Das mag nicht jeder und hier scheiden sich die Geister. Wie oft haben wir uns vorgenommen, das Thema

Arbeit ruhen zu lassen. Es funktioniert, aber nur für eine kurze Zeitdauer. Dann dreht sich wieder alles um unsere Kleinen bzw. um schulische Probleme oder Problemchen. Wie in sicher allen Frauenrunden kreisen die Gespräche ansonsten bevorzugt um Diäten mit ihren Erfolgen und Nichterfolgen, Familientratsch und Einkaufsräusche. Da kann es schon mal passieren, dass auch ein Slip, ein Tanga, Mittelpunkt des Gespräches wird. Genau dieses Thema war Grund genug für eine ehemalige Kollegin, die inzwischen an einem Gymnasium arbeitet, sich von uns zu distanzieren. Niveau, wo wo wo? Kann man doch verstehen, oder nicht?

Mit dem Kommunizieren in den Versammlungen ist es schon schwieriger.
An unserer Schule gab es bis zum vergangenen Jahr eine blinde Kollegin, die den Alltag gemeinsam mit einem Blindenhund meisterte. Bei einer unseren vielen Versammlungen wurde dieser für eine Art stille Post missbraucht. Unter seinem Halsband wurden Zettel gesteckt, die er dann brav zum Ziel trug. Er ging immer zu dem, der ihn rief, also dem Empfänger. Der Hund war froh, etwas zu tun zu haben und wir hatten unseren Gaudi.
Spaß muss sein.

Ohne diesen, würde man den Versammlungsmarathon auch nicht durchstehen.
Haben Sie eine Ahnung, wie viele Versammlungsarten es an einer normalen Schule gibt?
Hier einige Beispiele ohne Wertigkeit: Gesamtkonferenz, Schulkonferenz, Dienstberatungen,
Grundschulkonferenzen, Fachbereichssitzungen,
Klassenstufensitzungen, Sprechstunde,
Elternversammlungen, Klassenkonferenzen,
Bezirkslehrerausschuss, Finanzausschuss,
Zensurenkonferenzen, Versetzungskonferenzen u. v. a. m..

Darunter sind notwendige und sinnvolle Veranstaltungen, aber auch Geduldsproben.

Wie hasse ich die Dienstberatungen, in denen es zum x-ten Mal um das schlechte Schulessen geht oder um die schlechte finanzielle Situation im Bildungswesen. Ist ja alles richtig! Aber solche Diskussionen sind fruchtlos und nerven. Wenn dann endliche nach zwei Stunden ein Ende in Sicht ist, dann kommt garantiert jemand auf die Idee doch nochmals die Organisation von Wandertagen zu diskutieren. An diesem Punkt weiß man dann, dass es sich lohnt, sich nochmals zurück zu lehnen, es wird wohl noch eine Weile dauern.

Achter Ferientag

Pisa – oder wo bin ich

Heute kam ich doch angesichts des Ferienausklanges auf die dumme Idee, die in meiner Tasche vor sich hin lungernden Sachkundearbeiten durchzusehen. Ich hätte es nicht tun sollen. Meine Stimmung ist am Nullpunkt. Gefragte Dreiklässler sollten beschreiben, wie man Wetter beobachtet und woran man den Herbst erkennt. Piepelleicht! Dachte ich. Ergebnis: eine 2, der Rest 4, 5 und 6. Drei Schüler haben gleich gar nichts geschrieben. Super das wir vier Wochen lang im Unterricht darüber gesprochen haben.

(Nachtrag: Nach den Ferien gab ich die Arbeiten zurück und versuchte sehr einfühlsam die Enttäuschung über die schlechten Zensuren zu mindern. Kommentar von einem Jungen aus der ersten Reihe: „Als Sie sagten, dass Ihnen die Arbeit mit uns Spaß machte, aber ich habe mir gleich gedacht, ob sie sich da mal nicht irrt!" Er irrte sich.)

Ich versuche mich mit Einstein zu trösten, der ja auch in einigen entscheidenden Unterrichtsfächern (vielleicht auch in Sachkunde) Aussetzer hatte. Auch aus anderen geistigen Tiefffliegern ist etwas geworden. In unserer Spaßgesellschaft prahlt man ja z.B. im Fernsehen damit, wie doof man in der Schule war und trotzdem etwas geworden ist.

Bomben und Orden treffen eben immer die Falschen. Veronika Feldbusch konnte noch vor wenigen Jahren keinen grammatisch fehlerfreien Satz sprechen und ist nun eine große Geschäftsfrau. Im Bildungsprogramm bei RTL sah ich gerade gestern, wie sie eine große Firma für Dessous in Bayern (hoffentlich trennt sie den Müll ordentlich) eröffnet hat. Das lässt ja auch bei meinen Schülern hoffen. Ich träume davon, mal im Fernsehen oder auf einer Titelseite eines Magazins einen meiner ehemaligen Zöglinge zu sehen. Im Interview bedankt er sich dann bei seiner ehemaligen Grundschullehrerin für die entscheidenden, prägenden Lehrjahre...

Träum weiter! Bisher hat es nur ein Schüler von mir bis in die „Bravo" geschafft – nackt auf den Sexseiten! Er war auch keine Leuchte in der Schule, aber dazu hat es gereicht.

Als Superpädagoge weiß ich ja, dass man die Forderungslatte nicht zu hoch legen darf. Man holt die Schüler „da ab, wo sie sich befinden". Im Vergleich zum Hochsprung hieße das ja, wir unterhöhlen ab Montag die Schule und beginnen im 4. Untergeschoss. Nein, da mache ich nicht mit!

Pisa! Früher dachte ich an die italienische Stadt mit schiefem Turm (wahrscheinlich wurde die Studie nach ihr benannt, weil die Blödies damals auch keine Ahnung vom Pythagoras hatten).

Heute denke ich an Verdummung, verronnener Wissensdurst und Nullbock. Wer schon ein paar berufliche Jährchen auf dem Buckel hat, der beobachtet den Bildungsabstieg mit zunehmender Besorgnis. Meine ersten Schüler hatten es noch drauf. Da war richtiges

Allgemeinwissen da. Sie hielten den Akkusativ nicht für ein Teil an ihrem neuen Radio. Gottschalk hat schon gewusst, warum er die Branche gewechselt hat. Nicht nur, dass er wesentlich mehr als wir verdient. Er hat auf jeden Fall mehr Spaß. Hallo ihr Fernsehleute. Ich will auch noch mehr Spaß haben. Gibt es keine tolle Diskussionsrunde oder niveauvolle Show, in der es um Schule geht für mich? Das wäre doch was!

Wer heute nicht nur ein Stundengeber ist, der kommt aus dem Grübeln nicht mehr raus.
Gründe gibt es dafür viele. Wer immer da spart, wo man investieren sollte, der muss sich nun nicht wundern. Die Dummheit hat sich in Deutschland in die Klassenzimmer eingeschlichen. Oh Schreck, oh Schreck! Welch Heuchelei. Manche Politiker tun so, als kommt das überraschend. Nach jahrelangen Kürzungen kommt nur das, was kommen musste.
Das, wovor wir schon so lange warnten, ist eingetreten.
Da helfen auch keine panischen Aktionen wie „Computer in die Schulen". Im Prinzip hat man richtig gedacht. Ich kenne aber Schulen, die haben einen Computerraum eingerichtet bekommen und keiner konnte sie bedienen. Dafür gibt es viele Gründe.
Vielleicht schreibe ich als nächstes einen gesellschaftskritischen Roman, dann werde ich dieses Thema aufgreifen und bis zum Erbrechen analysieren.
Leute Vorsicht – dieses Buch besser nicht kaufen. Frustaufarbeitung!

Ein alter Philosoph hat mal gesagt: „Ein Staat ist so viel wert, wie er für seine jungen Menschen tut!"
Ups, was haben wir denn da. Glatte „6" setzen. Darüber müssen wir noch einmal reden. Am besten wir machen einen Förderausschuss.

? !

9. Ferientag

Wie geht es nun weiter

Heute Morgen wäre mir beim Lesen der Zeitung beinahe die Kaffeetasse aus der Hand gefallen. Da lese ich doch:
„Brandenburgs Schüler sollen ihren Lehrern Noten geben."
Das ist ein Vorschlag der Jusos der SPD. So ein Quatsch. Die Lehrer wissen auch so, ob sie bei den Schülern ankommen. Man merkt es täglich im Nahkampf, ob die Materie stimmt oder nicht. Da braucht man keine Noten. Mein Gegenvorschlag lautet: Benotung für die Eltern. Natürlich von den Kindern.
Vielleicht hat die jugendliche Politikerin auch gedacht: Angriff ist die beste Verteidigung.
Einen guten Sündenbock geben die Lehrer ja immer ab.

Für alle, die es nicht glauben kommen nun ein paar Gründe, warum Lehrer sein schön ist:

1. Das Arbeiten mit jungen Menschen ist fordernd und spannend. Man kann etwas bewegen.
2. Dabei bleibt man (nicht immer, aber immer öfter) selber im Inneren jung.
3. Alle experimentellen Möglichkeiten eröffnen sich. Man muss sie nur ergreifen. Unser neues Zauberwort: Freier Unterricht.
4. Abwechslungsreicher kann ein Job nicht sein (siehe Kapitel 5).
5. Man arbeitet mit vielen verschiedenen Menschen zusammen (Schüler, Eltern, Kollegen, Praktikanten, Psychologen, Heimerziehern, etc.).
6. Auch wenn das Stundenthema dasselbe ist, die Stunde wird in jedem Schuljahr anders laufen. Jede Klasse ist eine andere Welt.
7. Schüler sind oft sehr dankbar. Nicht die einfachen „Fälle". Nein, die ganz „Schwierigen". Noch Jahre später halten sie Kontakt.
8. Erlebnisreicher kann der Alltag sich nicht gestalten. Da man an einem Unterrichtstag durch viele Klassen tingelt, gibt es abends viel zu erzählen. Und zwar jeden Tag.
9. Man ist (zumindest im Unterricht) sein eigener Chef. Ist die Machtfrage geklärt, macht das Arbeiten Spaß. Das gilt auch, wenn die Erfolge nicht gleich sichtbar werden.
10. Ich gebe es zu, die vielen Ferien sind nicht schlecht.

Bei so viel Optimismus fragt man sich, warum dann so viel unter den Lehrern gejammert wird.

Die Machtfrage geht nicht immer zu Gunsten des Lehrers aus. Dann ist es bitter. Für alle. Die Schüler werden nichts lernen und der Lehrer lässt Federn. Geht die Klassenzimmertür zu, dann ist man alleine. Ganz allein mit dreißig

Monstern. Der Kampf beginnt. Und es ist ein Kampf. Nur selten kommen „er oder sie", die absolute Ausnahme: Kommen, sehen und siegen (wenn es ihn gibt, dann kann es nur ein Sportlehrer sein). Es gibt auch Unbelehrbare. Gegen die ist leider kein Kraut gewachsen. Sie unterrichten nach ihrer Auffassung, Verluste eingerechnet. Ob etwas erreicht wird oder nicht. Sie bekommen am Monatsende ihr Geld auch so.

Ein weiteres Problem ist die Organisation. Der Kopf gleicht einer Schaltzentrale. An 1000 Dinge und mehr muss gedacht werden. Wer hier kein System reinbringt, den trifft mindestens täglich einmal der Schlag. Langfristige Planung ist nicht jedermanns Sache. Wird nicht alles kontinuierlich erledigt, geht man unter. Nur keine Klassenarbeiten verwaist auf dem Schreibtisch liegen lassen. Sie bekommen Nachwuchs und werden kinderreich. Es werden immer mehr und dann schafft es keiner mehr sich durchzukämpfen.

Und dann ist da noch die Sache mit dem „Ich will!". Gehe ich schon deprimiert zur Arbeit, dann werde ich in der Schule sicher nicht lustiger werden. Es ist schon für Optimisten nicht leicht, sich nicht unterkriegen zu lassen. Aber Jammerlappen haben schon verloren, bevor sie das Schulhaus betreten haben. Habe ich selber mit meiner Motivation zu tun, dann ist da kein Funken, der überspringen kann. Die Schüler werden ebenso lustlos dasitzen.

Als ich anfing zu arbeiten, gab man mir den Tipp mit auf den Weg in die Schule, konsequent und nie nachtragend zu sein. Beides musste ich erst lernen. Auch nach 22 Dienstjahren ist das Lernen nicht abgeschlossen.

Das kann ich 100%ig für mich in Anspruch nehmen. Vor drei Jahren wurde ich an eine Sonderschule versetzt. War das nun positiv oder negativ für meine berufliche Entwicklung? Fakt ist auf jeden Fall, dass ich mit völlig neuen Problemen konfrontiert werde und ich noch viel lernen muss. Wann hatte ich bisher Kontakt zu behinderten Kindern? Den Satz von Dr. Richard von Weizsäcker: „ Es ist normal verschieden zu sein!" habe ich erst an dieser Schule richtig begriffen. Nach und nach werde ich sicherer in meiner Arbeit mit den Kindern, die ganz verschiedene Handicaps haben. So werden blinde und sehbehinderte Kinder, Autisten sowie verhaltensauffällige Schüler unterrichtet. Inzwischen bin auch ich an dieser Integrationsschule integriert und arbeite gern hier.

Trotz des ernsten Grundtenors muss ich nach kurzer Zeit feststellen, hier ist noch mehr los, als an meinen Vorgängerschulen. Wen wundert es?

Glaube ich an Zufälle?

Nun arbeite ich wieder mit einem großen Teil meiner ehemaligen Kollegen zusammen, genau an alter Stelle, in einem behindertengerechten Neubau (die alte Schule mit bereits erwähnten polnischen Inschriften hat man vorsichtshalber angerissen) und zu aller Überraschung kreuzte auch mein netter, verschollener Nachbar in dieser Institution wieder auf. Ich glaube an Zufälle! Dabei sollte es nämlich nicht bleiben. Zwei Schüler aus meiner alten Schule wurden auch zu uns „versetzt". (Da die Schülerzahlen rückläufig sind, wurde meine geliebte vorige Schule inzwischen wegrationalisiert.) Unser alter Sekretär, eine Rarität, nicht nur, weil er die einzige männliche „Sekretärin" im Stadtbezirk ist, hat nun bei uns angefangen zu arbeiten. Bei so vielen alten Bekannten muss es mir doch zunehmend besser gehen.

Außerdem wird es an dieser Schule nie langweilig, da alles ein bisschen anders ist…

Als erstes folgte eine bittere Erfahrung.

An einem meiner ersten Tage an der neuen Schule kommen mir einige Fünfklässler im Hausflur Fußball spielend entgegen. Ich baute mich in gewohnter Manie auf und wollte sie zur Rede stellen. Was passiert? Nichts! Sie rennen einfach an mir vorbei. Ich hatte vergessen, dass ich die Neue bin. Man muss sich seine Sporen erst wieder verdienen. Ein Stück harte Arbeit.

Nie hätte ich geglaubt, dass die schnellsten Kinder auf der Hofpause, die blinden Kinder sein können. In den ersten Wochen hatte ich vor jeder Hofpause Angst. Ich dachte jeden Moment erste Hilfe leisten zu müssen. Hemmungslos wird über den Hof gerannt, scharf vorbei an Ecken, Kanten und Blumenkübeln. Hilfe, Rettung ist nicht nötig! Bis auf einen Zusammenprall mit dem Pfahl des Klettergerüstes, gab es aber bis jetzt keine Katastrophen.

Gewöhnungsbedürftig ist die Sache aber schon. Der Fahrtstuhl spricht mit einem, Türen gehen automatisch auf, allerdings aber nur bei langsam gehenden Menschen. Ich bin eindeutig zu schnell. Aber nach mehreren Zusammenstößen habe auch ich begriffen, mich einer automatischen Tür langsam zu nähern.

Im Unterricht achtet man mehr auf solche Formulierungen wie: Das s e h e n wir uns mal an, g u c k t mal vor, s c h a u e n wir mal....

Toll finde ich, wie die „normalen" Schüler mit ihren gehandicapten Mitschülern umgehen. Eben ganz normal! Das Zitat scheint zu stimmen. Da wird auch schnell mal geholfen, ohne lange zu diskutieren. Und gelästert wird nie.

Ein besonderes Schülerexemplar ist der sehbehinderte Schüler Rene. Er geht in die Grundschule und trotz gelegentlicher Gedankenblitze fällt ihm das Lernen eher schwer.

Er war Teilnehmer einer Delegation, die zu einer Ausstellungseröffnung unserer Schule in die Ägyptische Botschaft ging. Er war auch der erste, der in der Botschaft verschwand und es bis ins Vorzimmer des Botschafters schaffte. Man fand ihn diskutierend im Sekretariat, da er unbedingt einen Termin für seine Mutter haben wollte. Schließlich sollten Botschafter und Mutter sich kennen lernen. Ohne jemanden zu nahe zu treten. Ich denke für die deutsch- ägyptischen Beziehungen ist es nicht schlimm, wenn dieses Treffen nicht zu Stande kommt.

Gerade hatte man Rene wieder gefunden, war er schon wieder bei den Angestellten, weiblichen Angestellten. Nur bei den schönen Frauen. Er stellte sich vor: „Darf ich Ihnen die Hand küssen?" Auf die Frage, wo er denn dieses vornehme Benehmen her hätte, antwortete er: „Das wurde mir in die Wiege gelegt!" Wer ihn kennt, kann darüber nicht lachen!

Da ich ausgebildete Diplomlehrerin bin, kann ich nun an dieser Schule auch wieder bei den älteren Schülern unterrichten. Gerade habe ich mich methodisch voll auf die Grundschule eingestellt, so muss ich mich wieder umstellen. Mein Einsatz ist besonders interessant, denn ich habe nun Unterricht in den Klassen 1 bis 9.

Das müssen Sie sich so vorstellen:

Morgens Unterricht in der ersten Klasse, anschließend hoch in die Oberstufe , dann wieder in die dritte Klasse, um dann in den Computerkurs zu gehen usw..

Nicht immer einfach. Man muss immer den richtigen Ton finden, rechtzeitig auf die entsprechende Methodik umschalten und den Überblick behalten. Es hört sich in einer 9. Klasse ein bisschen senil an, wenn ich lobe: „ Das hast du aber schön gemacht. Da freue ich mich. Wollen wir es in das Muttiheft eintragen?"

Als echte Herausforderung nahm ich den Deutschunterricht in einer 8. Klasse. In der Klasse war eine schwierige Mischung von Schülern: Sehbehinderte, Verhaltensauffällige und ein Autist. Bisher kannte ich nur aus dem Film „Rainman" Auswirkungen dieser Erkrankung. Man hatte aber keine Bedenken, mir diese Klasse anzuvertrauen. Ich belas mich und dann ging es los. Wir haben uns gut verstanden und vor allem im rechtschreiblichen Bereich gab es für meinen Schüler Max, den Autisten, Erfolgserlebnisse. Er ist sehr umgänglich und freundlich. Man kann sagen, dass wir uns mögen.

Neulich kam er nach dem Unterricht zu mir und ich dachte mir nichts Schlimmes. Er zog aber eine Spritze aus der Tasche und teilte mir gerade noch mit, dass ich jetzt eine Injektion bekäme. Mir war gleich ganz schlecht. Man weiß ja nie. Entsetzt sprang ich zurück und sah, dass die vermeintliche Spritze ohne Nadel war. Erleichtert, aber mit zittrigen Beinen betrat ich das Lehrerzimmer. Nach meinem Kurzbericht brachen die lieben Kollegen in lautes Gelächter aus. Sie kannten diese Macke von Max schon lange. Keiner hatte mir etwas gesagt. Er gibt allen Lehrern, die er mag, eine Infusion... Wäre nur schön, wenn man seinen Impftermin vorher erfahren würde!

Wir haben das Schuljahr noch ohne weitere Impfungen erfolgreich zu Ende gebracht.

Und dann war da noch der Klaus, der hatte es mit den Fahrplänen und den Zugabfahrten …

Ich bin überzeugt, dass das Schulleben noch viele Überraschungen für mich bereithält.

Ich kann ja voller Hoffnung sein, denn so wie es aussieht habe ich noch viele Schuljahre mit noch viel mehr Unterrichtsstunden vor mir. Ein Glück, dass ich seit kurzem weiß, dass in noch länger - bis ins hohe Rentenalter- arbeiten darf.

So kann ich noch vieles zu Papier bringen. Das ist mein fester Wille. Wenn ich richtig rechne, dann habe ich nochmals 22 Jahre zu arbeiten. Ich habe sozusagen Bergfest. Das ist doch was!

Letztes Kapitel

Das ist bärenstark!

Die Schule hat nach den Ferien begonnen und der Alltag hat uns sofort wieder in seinen Klauen. Unglaublich! Bereits nach zwei absolvierten Arbeitstagen ist einem so, als habe es nie Ferien gegeben.

Neue Aufgaben stehen an und so manches Mal kommt man zu neuen Horizonten. Es gibt da diese Redewendung, die behauptet, man kann zu bestimmten Dingen kommen, wie die Jungfer zum Kinde. Stimmt!

Eine nette und engagierte Kollegin fragte mich der Tage, ob ich sie bei dem neuen Projekt „Bärenstark" unterstützen möchte.

Da ich generell den Sprachfehler habe und nie „nein" sagen kann, kam das vertraute: „Ja!" über meine Lippen.

Was „Bärenstark" heißt, muss auch echt stark sein.

Hinter diesen großen, zotteligen und muskulösen Tier steckt eine statistische Erfassung. Eine Sprachstands-erfassung bei Vorschulkindern. Auf Grund der hohen

Anzahl von zukünftigen nicht deutschsprachigen Schülern wollte man sich einen Überblick über die sprachlichen Fähigkeiten, auch über die Vorschuluntersuchung hinaus, machen.

Mir kamen meine Anfangsschwierigkeiten mit den Kindern der ersten Klasse in den Sinn. Und nun sollte ich mit noch jüngeren arbeiten. Zum Trost wurde ich als Beisitzer und Protokollant eingesetzt.

Gemäß dem Motto: Ich traue keiner Statistik, sondern nur der, die ich selber gefälscht habe! ging es an die Arbeit.

Liebevoll empfingen wir die aufgeregten Kinder und die noch viel mehr aufgeregten Eltern. Sehr schnell wurde klar, dass hier nur mit klarer Familientrennung gearbeitet werden kann. So entrissen wir den Erziehungsberechtigten ihre Sprösslinge, natürlich nicht ohne die unvermeidlichen Sätze hinter uns: „Sei schön lieb!" oder „Sprich mit den Tanten!" Erst waren wir über beide pädagogischen Hinweise erstaunt, aber bald wussten wir um deren Wahrheitsgehalt.

Nun ungestört und zu dritt, ging es an die Arbeit. Ein kleiner Teddy sprach (mit Stimme meiner Kollegin) mit dem Kind und wollte gestreichelt werden. Abgesehen von ersten Kontaktproblemen, wurden diese Aufträge gern ausgefüllt. Ein kleiner Gast wollte den Teddy nicht streicheln. Meine Kollegin: „Mach das so wie deine Mutti. Die hat dir sicher schon den Bauch gestreichelt." Im Ton der blanken Entrüstung wurden wir darüber aufgeklärt, dass das auf gar keinen Fall bisher geschehen sei. Nun kamen wir zur zweiten Aufgabe, bei der man in Sätzen ein großes Bild, mit vielen Details beschreiben sollte. Hier gingen nun die Probleme richtig los. Die Vorhersagungen der Eltern traten ein. Nachdem man in Gegenwart des Kindes extra noch darauf hingewiesen hat, dass bei der Einschulungsuntersuchung nicht ein Wort aus dem zukünftigen Schulanfänger heraus zu bekommen war, trat dies auch bei uns ein. Schließlich wollen Kinder ihre Eltern auch nicht enttäuschen. Um es abzukürzen: Wir haben jeden zum Sprechen gebracht. Wie bleibt unser Geheimnis. Schlimm kann es nicht gewesen sein, denn alle Schützlinge wollen im neuen Schuljahr wieder zu uns kommen.

Endlich zum Reden bereit, wurden die sprachlichen Probleme sichtbar. Die Deutschen scheinen sich nicht in Sätzen zu unterhalten, zumindest grammatikalisch gesehen. Zusatzfragen zum Bild wurden konkret beantwortet: „Womit laufen denn die Menschen? Antwort: „Mit Knochen!" oder „Wo sind die Menschen, die du auf dem Bild siehst?" (Erwartete Antwort: Im Schwimmbad.) Eingetreten Antwort: „Überall!"

Bei der letzen Aufgabe sollten die Kinder beweisen, dass sie Präpositionen beherrschen. Der Teddy wurde geistvoller Weise vor, auf, neben und unter! das Bett gelegt. Als Höhepunkt sagt er: „Lege mich in den Schrank!" Unser kleiner Proband führt den Auftrag aus. Gerade wieder auf dem Platz kommt von uns der neue Auftrag. „Jetzt ruft er dich, er will wieder raus." Kindgemäße Antwort: „Der weiß nicht was er will, dass hat er nun davon!" Vielleicht sollte man bis zum nächsten Schuljahr den Test überdenken.

Nach der schüchternen Variante lernten wir auch die lebhafte kennen. Unser neuer Gast erklärte uns genau, was er sich so vorstellt. Bevor sich das Mädchen setzten wollte, rannte es durch den großen Raum und stellte allerlei Fragen. Nach fünf Minuten hatten wir sie eingefangen und mit vielen Worten dazu bewegt, sich zu setzen. Mit Testen war aber nicht viel. Sie redete wie ein Wasserfall, aber nicht zum Thema. Auch wenn die Testfragen nicht beantwortet wurden, so stand doch am Ende fest: ausreichender Wortschatz, ganze Sätze gesprochen!

Nach diesen Extremen gab es auch noch die ganz Lieben. Gerade mit dem Test begonnen, wurden uns Liebesbeweise zuteil. Man versprach auf jeden Fall immer zu uns zu kommen (am besten gleich am nächsten Tag), es gab Zwischenrufe wie „cool" und nach jeder abgeschlossenen Übung wurde uns bestätigt, dass Schule ja so toll wäre.

Das fanden meine Kollegin und ich dann am Ende der 40 Tests auch. Die für jeden Schüler ausgefüllten 8! Auswertungsseiten waren fertig, die Statistik im Computer ausgefüllt (ohne zu lügen) und wir um mindestens eine Erfahrung reicher.

Nachwort

Ihr lieben Leser steht hoffentlich nicht unter Schock!?

Denkt immer daran, dass Humor ist, wenn man trotzdem lacht.

Was gibt es schöneres, als Erinnerungen. Das Gute an der Vergangenheit ist, dass man das Schlechte schnell vergisst und das Gute desto besser im Gedächtnis hat. Da meine Speicherkapazität bisweilen begrenzt erscheint, habe ich mir vieles von der Festplatte und Seele geschrieben.

Wie schreibt man so schön an dieser Stelle:

Ähnlichkeiten von Personen und Namen sind garantiert rein zufällig...

Jeder Tag ist ein neues Abenteuer!

Pauker – stellt euch dieser Herausforderung!

Die nächsten Ferien kommen bestimmt.

Begriffserklärungen für die Nichteingeweihten:

ABV
- Abschnittsbevollmächtigter
Ein extra fürs Wohngebiet eingesetzter Ordnungshüter.
Schaute regelmäßig in der Schule vorbei, ob alles seinen
„Sozialistischen (ruhigen) Gang" geht.

Absolventenzeit
- drei Jahre nach dem Studium, Bewährungszeit

Alutopf
- Aluminiumtopf
Übliches, einfaches und unverwüstliches Kochgefäß, war in
jedem Haushalt zu finden

Bückware
- Konsumgüter, die es als Versorgungslücke nur selten gab,
ein Engpass

Direktor
- heute Schulleiter

Fachberater
- erfahrener Lehrer, der zur Begutachtung des
Unterrichtes (und Lehrers) eingesetzt wurde

FDJ-Lehrer
- Mitglieder der Freien Deutschen Jugend
War man mehr oder weniger automatisch vom
18. – 30. Lebensjahr

GST
-Gesellschaft für Sport und Technik

Gruppenpionierleiterin
- pädagogischer Nachwuchs, der auf Pioniernachmittagen üben durfte

Klassenfahrt
- Schülerfahrt

Murfatlar
- zuckersüße Brühe, die sich Wein nannte und aus Ungarn kam

Oberstufe
- Sekundarstufe 1

Patenschaft
- jede Einrichtung hat zu einer anderen eine Beziehung, die durch ständige Besuche gepflegt wurde

Planerin
- Konrektorin, verantwortlich für Stundentafel

Pädagogischer Rat
- dreimaliger Höhepunkt im Schuljahr mit Bericht vom Direktor

Rundsprüche
- gut organisiertes telefonisches Informationsnetz zwischen den Schulen

Tag des Lehrers
- 12. Juni, jede Berufsgruppe hatte so seinen Feiertag

Volksbildung

- Kindergärten und Schulen, die versuchten, alle Kinder zu allseitig gebildeten Persönlichkeiten zu machen

Woche der Wehrbereitschaft

- vormilitärische Ausbildung ab Klasse 10